Michel VERGNAULT

CD en option

DEVENIR MUSICIEN

Pédagogie moderne pour le 1er cycle de formation musicale
en 4 volumes

3e Livre

Chant et mémorisation
Phrasé et analyse
Transposition
Audition et lecture relatives

Editions COMBRE
24, boulevard Poissonnière - 75009 PARIS

DEVENIR MUSICIEN

de

Michel VERGNAULT

PREFACE

Toute la musique, "Art des sons", est liée à la **connaissance** des sons : audition, reproduction, invention.

La connaissance du nom des notes et des signes rythmiques (durée et dynamique) est utile, très utile même, mais secondaire.

La **qualité de l'interprétation** dépend directement de la connaissance des sons, c'est-à-dire de l'audition extérieure et intérieure. Celle-ci est en fait la **conception** mentale de la musique qui s'acquiert par la **mémoire** des sons et des phrases musicales.

Le chant en est le meilleur support.

La musique est avant tout "des sons en mouvement".

Un élève qui ne pense que des noms de notes ou des doigtés ne jouera jamais avec un joli phrasé.

Pour jouer "musicalement", il faut **concevoir** les phrases avec plaisir en associant le nom des notes à leur son, en un mot, à la musique qui doit jaillir de notre pensée et de notre "coeur".

*

* *

Basé sur l'imprégnation sensorielle et la mémoire, cet ouvrage propose à ses utilisateurs l'accès à la connaissance intellectuelle des éléments composant la phrase musicale - que sont les cellules mélodiques, harmoniques, rythmiques, dynamiques - et des divers signes d'écriture conduisant à une lecture aisée et à une bonne compréhension de la musique.
On ne s'étonnera pas de la difficulté apparente des textes par rapport au niveau d'étude de l'élève : en effet, il est préférable de partir d'un chant appris par coeur pour en étudier les éléments et de faire de la musique tout de suite plutôt qu'essayer de déchiffrer ce texte intellectuellement mais sans musique.

CONSEILS IMPORTANTS
aux professeurs et aux parents

A ce niveau d'étude (1er cycle - débutant, préparatoire) deux options pédagogiques principales sont envisageables. L'une et l'autre peuvent être mises en oeuvre avec cet ouvrage :

1) *la voie "synthétique"* :
soit étudier d'abord les composants, ou cellules, d'un texte musical pour conclure par leur utilisation dans le texte recomposé et chanté ou joué.
2) *la voie "analytique"* :
soit apprendre par coeur le texte musical pour en étudier ensuite en détail les composants, puis terminer en reprenant le texte entier. C'est ainsi que les jeunes enfants apprennent à lire et à écrire leur langue maternelle alors qu'ils la parlent déjà depuis plusieurs années.

C'est cette seconde voie que nous avons choisie et que nous vous conseillons, bien que la conception de cet ouvrage vous laisse toute possibilité d'utiliser la première.

En effet, l'expérience démontre que cette démarche **partant d'une pensée musicale déjà installée dans la tête** (comme dans les mémoires d'un ordinateur) est plus efficace et plus rapide que celles qui partent de concepts intellectuels qui ne sont *pas encore* de la musique, avec toutes les qualités de justesse, de phrasé, de dynamique, d'expression que comporte le mot "*musique*".

Notons que cette démarche est proche des méthodes dites "actives", bien qu'il soit impossible de faire de la musique passivement, à moins de prétendre qu'en écouter c'est : "faire de la musique".

CONSEILS PRATIQUES :

1) LE CHANT

- C'est le chant qui servira de base à la leçon. On a donc intérêt à le faire apprendre par coeur, chanté avec le nom des notes (au moins partiellement) en plus du chant avec les paroles.
- Comparer la phrase musicale - rythme, dynamique et mélodie - avec la phrase littéraire (prosodie).
- Le recours à la mémoire est primordial dans cette méthode rapide, procédant par *imprégnation* et *approfondissement progressif*.
- Tant pour le cours de formation musicale que pour le cours d'instrument, il sera très bon de jouer ces chants sur son instrument personnel ; les élèves en auront plus de plaisir et comprendront mieux ainsi que l'instrument choisi ne change pas l'essence de la musique.
- L'usage de la transposition a pour but le développement chez l'élève du sens de la phrase musicale, des rapports de tonalités (même inconsciemment), des intervalles et de l'usage des altérations.

2) COMPRÉHENSION DU TEXTE

- Ce paragraphe, élargi, regroupe les notions de "hauteur des sons", de "rythme et durée des sons" ainsi que des éléments de "culture musicale" (forme, histoire, analyse).

3 et 4) La "**lecture rapide par cellules rythmées**" et son corollaire "**l'écriture rapide**" constituent une préparation au déchiffrage et à une lecture intelligente du texte musical.
- A ce niveau, elle s'appuie surtout sur les intervalles de seconde et de tierce qu'on trouve en très grande quantité dans toute la musique.

5) RYTHME
- Les paragraphes 5 et 6 sont consacrés à la lecture et à la compréhension du rythme.

N.B. La liberté du professeur est entière pour l'utilisation et l'extension des exercices proposés.

TRAVAIL A LA MAISON
Faut-il rappeler que plus l'entraînement est fréquent, meilleurs et plus rapides sont les résultats, d'où la nécessité d'une pratique régulière à la maison.

L'utilisation du C.D. (disque compact édité en complément de cette méthode) permettra d'éliminer les erreurs de mémoire du travail à la maison tout en le rendant plus agréable. De plus, il habituera l'élève à chanter sur un accompagnement de piano et le conduira ainsi vers la musique d'ensemble.

N.B. : Un dernier conseil utile
Les enfants, surtout les jeunes, progressent beaucoup mieux lorsqu'ils savent que leurs parents suivent de près ce qu'ils font. Il est donc excellent que les parents les aident ou tout au moins s'intéressent activement aux études musicales faites à la maison, tant solfégiques qu'instrumentales.

MICHEL VERGNAULT

PLAN DE TRAVAIL PROPOSE

I - ELEMENTS PRIMORDIAUX

MEMORISER

. par le chant et les gestes
. les paroles et le nom des notes associés aux sons

- La mémoire :

. Sans elle rien n'est possible à l'homme : aucune activité, aucun jugement, aucune réflexion ne peuvent se faire sans elle.

Tous les professeurs constatent la déficience actuelle de la mémoire de leurs élèves. Les raisons sont hors du propos de cet ouvrage ... Il est urgent de la stimuler et de la reconstruire.

- Le chant :

. Le chant implique la conception mentale des sons (hauteur, rythme) et de la phrase musicale (éléments complémentaires)
. C'est un excellent moyen de formation et de contrôle (utile au professeur)
. C'est l'instrument le moins cher et le plus expressif

- L'instrument :

. A ce niveau des études musicales il sera bon d'ajouter au chant l'usage de l'instrument personnel pour accroître le plaisir de l'élève, élargir sa connaissance de la musique et lui montrer l'utilité du cours de Formation Musicale.

II - ELEMENTS COMPLEMENTAIRES

ETUDIER

. La hauteur et la durée des sons
. La dynamique et l'ambitus de la phrase
. L'écriture et la lecture de la musique
. Les timbres des sons

- Le phrasé :

. Premier des ELEMENTS COMPLEMENTAIRES.
. La lecture et l'audition, étudiées l'une et l'autre par cellules et par petites phrases - non pas note à note - sont étroitement liées au phrasé.

- La transposition :

Elle s'inscrit, elle aussi, dans l'étude du phrasé car elle permet de mieux comprendre les mouvements et les intervalles.
De plus, elle développe la lecture linéaire, globale et relative, comme la pratiquent les musiciens professionnels et non pas une lecture note à note qui n'est qu'un ânonnement et ne conduit à aucun sens musical expressif par manque de compréhension.

- L'audition et la lecture relatives

Il s'agit de l'audition, de la lecture, et même de l'écriture, liées au phrasé, c'est-à-dire au mouvement de la phrase.
Elles conduisent

. à une lecture rapide
. à une compréhension rapide et
. au développement du sens musical

- **L'analyse** cimente le tout et conduit à l'interprétation

- **Le timbre des instruments** s'étudie en cours de F.M., mais aussi et surtout en assistant ou en participant à la musique d'ensemble, aux concerts, et éventuellement en visitant les classes d'instruments.

SIGNIFICATION DES SYMBOLES

 = chanter

 = par cœur

 = écrire

 = attention

 = à faire à la maison

I.

Kalinka

Danse et chant populaire russe,
Harmonisation et traduction de M. Vergnault

* chanter "Sou"

(1)   Chante "Kalinka" avec les paroles et aussi avec le nom des notes.
Apprends le refrain par cœur. Écris-le aussi par cœur.

COMPRÉHENSION DU TEXTE

(2) 

LA MUSIQUE ?

Des sons en mouvement

Comme la danse, ou le cinéma, la musique est un art de mouvement: **l'art des sons en mouvement.**
Écrire ou lire la musique c'est écrire ou lire le *mouvement des sons.*

Les deux éléments principaux de la musique sont:
1. Le rythme: mouvement en avant (horizontal)
2. La mélodie: mouvement en hauteur (vertical)

On peut donc comparer la musique au vol d'un oiseau qui avance tout en montant ou en descendant.

"Le vol de la musique"

1. Le rythme c'est la marche en avant
2. La mélodie c'est la beauté du vol

1. **Le rythme** s'écrit en modifiant **la forme** des notes:

2. **La mélodie** s'écrit sur une **portée**, pour la précision de la **hauteur** du vol:

 ou 

L'ensemble du rythme et de la mélodie s'écrit:

En ajoutant la clé on connait le nom des notes.

Afin de donner plus de *vie* au *rythme*, on ajoute la **barre de mesure** pour connaître la place de **l'impulsion** (1er temps qui suit la barre de mesure et qu'on appelle aussi *"temps fort"*)
Il faut bien l'appuyer en chantant ou en jouant cette danse.

F = temps fort

Le refrain de cette danse utilise la cellule rythmique 

③ Lecture rapide par cellule rythmée (battre du doigt les pulsations)

Lire en 𝄞 puis en 𝄢

1. 3 sons: broderie supérieure *

2. 3 sons: broderie inférieure *

3. 5 sons avec broderie

④ Ecriture rapide

Au choix du professeur qui dictera, par cellule, en chantant et en prononçant le nom des notes. L'élève s'efforcera de l'écrire par cœur après l'avoir entendue *une seule fois.*

RYTHME

⑤ Chanter ou parler après avoir écrit les flèches des temps pour battre la mesure.

d'après W.A. Mozart

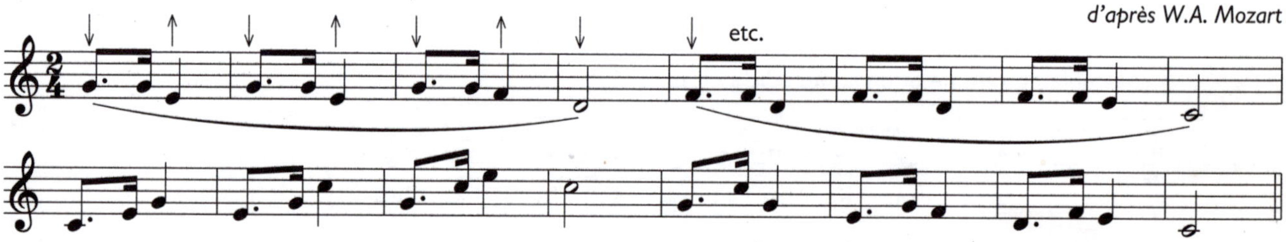

Ces textes peuvent être chantés de préférence.

LEÇONS : Chante la danse **Kalinka** en appuyant bien les premiers temps.

DEVOIR :
- Apprends ce chant avec les paroles et le nom des notes
- Écris par cœur le refrain sur la portée ci-dessous
- Apprends en le lisant le texte **"La Musique"**
- Lis chaque jour ③ 1.2.3. et ⑤

2.

Le retour du marin

Chanson populaire,
Harmonisation de M. Vergnault

Chant n° 1

Chant n° 2

COMPRÉHENSION DU TEXTE

② Ce chant populaire de la Vendée (France) raconte la triste histoire d'un marin parti en guerre depuis de nombreuses années sans avoir pu rentrer chez lui où le malheur l'attend. C'est un chant doux et mélancolique. Les impulsions seront appuyées sans dureté.

En quel ton est le chant n°1? .... Et le chant n°2? ....

Les sons musicaux ont un but

Le but des sons musicaux est *la fin de la phrase musicale*.
La phrase musicale n'*exprime* pas des idées, mais des *émotions*.
Elle n'est pas composée de mots, ni de groupes verbaux, mais de *cellules* rythmiques et mélodiques.

1. Rythme

Exemples de cellules rythmiques: *

- dans "Kalinka":

- dans "Le retour du marin":

F = temps fort, impulsion

2. Mélodie

Les mélodies procèdent par mouvements verticaux:

- ascendant (en montant)
- descendant
- plat
- conjoint (voisins qui se touchent)
- disjoint (éloignés avec un intervalle entre eux)

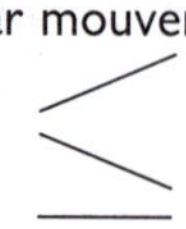

Exemples de cellules mélodiques:

mouvement conjoint descendant

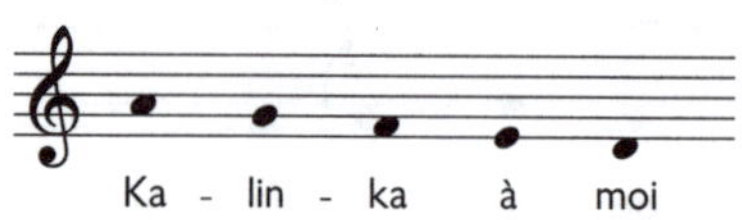

mouvement conjoint ascendant

mouvement plat

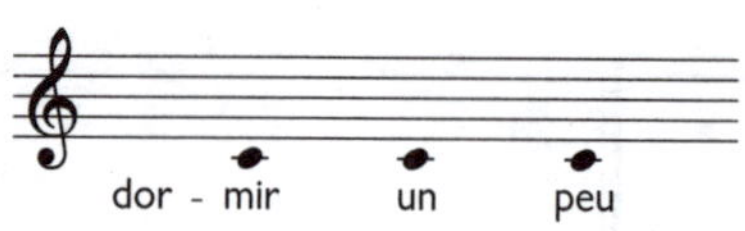

Les mouvements sont souvent mélangés:

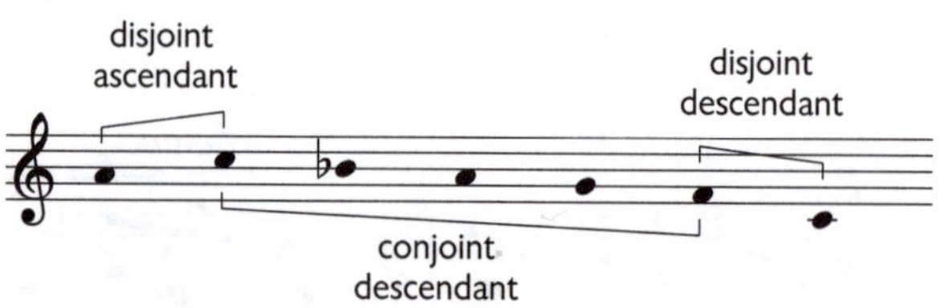

③ Lecture rapide par cellule rythmée (battre du doigt les pulsations)

Lire en 𝄞 puis en 𝄢

1. 4 sons: secondes

2. 5 sons: double-broderie* par sons conjoints

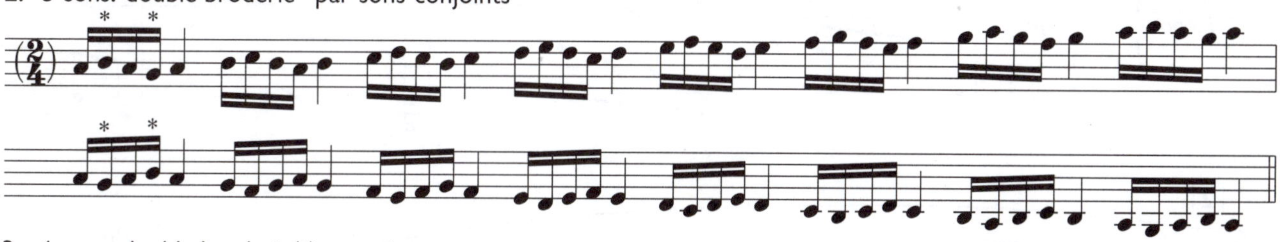

3. 4 sons: double-broderie** avec tierce

④ Ecriture rapide

Au choix du professeur qui dictera, par cellule, en chantant et en prononçant le nom des notes. L'élève s'efforcera de l'écrire par cœur après l'avoir entendue *une seule fois*.

RYTHME

⑤ Textes à dire ou à chanter en battant la mesure après avoir marqué les flèches des temps

1.

2.

3.

LEÇONS : - Apprends par cœur le chant n°1 en chantant les paroles et les notes. Chante aussi le chant n°2.
- Apprends ② en le lisant.
- Lis chaque jour ③ 1.2.3. et ⑤ 1.2.3.

DEVOIRS : Copie le chant n°2 1ère phrase (1) sur la portée ci-dessous.

3.

Hymne à la nuit

Musique de J.-P. Rameau
Adaptation de M. Vergnault

① Chante cet hymne avec les paroles et avec le nom des notes. Apprends-le par cœur; au moins les phrases 1, 2 et 3.

COMPRÉHENSION DU TEXTE

② *Rameau*, musicien français du 18ème siècle a été compositeur, organiste, claveciniste. Il a composé de nombreuses œuvres: opéras, ballets etc. Il appartient à l'époque "baroque".

Ce chant très doux évoque le calme de la nuit. Chante-le sans dureté.

I. Rythme

I.I. La pulsation

Les pulsations sont comme la marche régulière du discours musical.
Dans les mesures à 2/4, 3/4 ou 4/4 il est habituel de marquer d'une pulsation chaque noire, c'est-à-dire chaque *temps*.
Mais **l'impulsion**, l'élan, est réservée à chaque début de mesure au *1er temps* appelé aussi *"temps fort"*.
Dans la battue des mesures, le **1er temps** est toujours placé **en bas**.

I.2. Le temps binaire

Dans les mesures à 2/4, 3/4 et 4/4, chaque temps est équivalent à 1 noire, soit 2 croches (♪ + ♪ ou ♫ – ♪ + ♪ = ♩ comme ♩ + ♩ = 𝅗𝅥)

Chaque temps est donc binaire (bi = 2)

I.3. La mesure à 3/4

Elle comprend ♩ ♩ ♩ ou 𝅗𝅥 ♩ ou 𝅗𝅥. ou l'équivalent.

Elle se bat

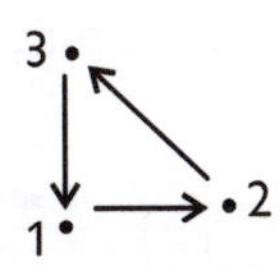

2. Mélodie

2.I. Les notes "naturelles"

Les notes naturelles sont celles qui ne sont pas altérées par un ♯ ou par un ♭.

2.2. La gamme

Placées par sons *conjoints* dans un ordre *ascendant* ou *descendant* les notes forment **une gamme**.
En commençant par "Do" on obtient la "gamme de Do".

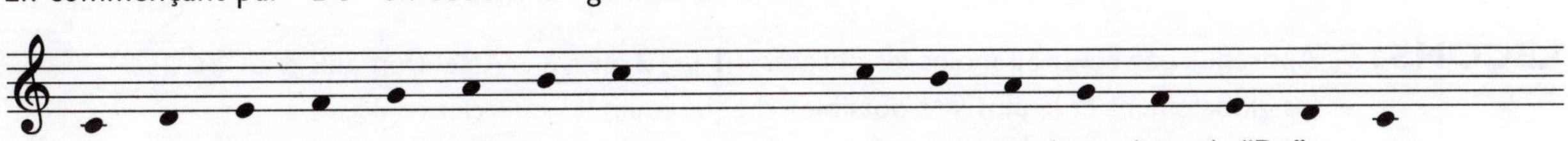

gamme ascendante de "Do" — gamme descendante de "Do"

2.3. La tonique

Dans ce cas la 1ère note, comme la dernière (redoublée) est appelée **tonique** ou 1er degré.
Habituellement la tonique termine le morceau ou la phrase.

③ Lecture rapide par cellule rythmée (battre du doigt les pulsations)

Lire en 𝄞 puis en 𝄢

1. 5 sons: secondes et tierces

2. 6 sons

3. 7 sons

④ Ecriture rapide

Au choix du professeur qui dictera, par cellule, en chantant et en prononçant le nom des notes. L'élève s'efforcera de l'écrire par cœur après l'avoir entendue *une seule fois.*

RYTHME

⑤ Avant de dire ou de chanter ces textes, en marquer les impulsions (↓) et les pulsations (|).

1.

2.

3.

LEÇONS :
- Apprends par cœur au moins les phrases [1], [2] et [3]. Attention aux ♯ et au ♮.
- Lis globalement et le plus vite possible (chaque jour) les exercices ③ 1.2.3.
- Lis, et chante si possible, les rythmes ⑤ en battant la mesure.

DEVOIRS :
- Écris les sons de la phrase [5] dans l'ordre de la gamme ascendante.
- Transpose par écrit "en Sol" la phrase [1] en commençant par 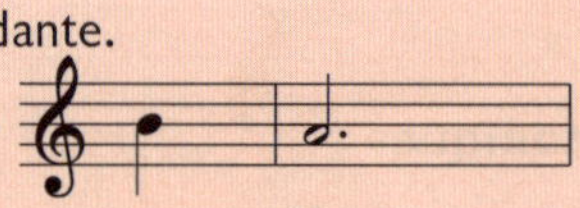 sur la portée ci-dessous.

4.

Chanson de route

Poème de Maurice Carême
Musique de Robert Planel (1908-1994)

Mouvement de marche modéré (♩. = 100)

* "Fu"
L'original est en Mi♭ majeur

Ton original:

* "Sou"

① Lis et chante la "Chanson de route" avec les paroles et avec le nom des notes.
Apprends par cœur **5** et **6**.

COMPRÉHENSION DU TEXTE

② Compositeur et pédagogue, *Robert Planel* a beaucoup contribué au développement de l'enseignement de la musique en France, au profit des jeunes.
Cette "chanson de route" doit être chantée avec entrain en marquant chaque temps pour la marche.

1. Rythme

1.1. Le temps ternaire est composé de 3 ♪ (ter = 3)

1.2. Le temps ternaire peut donc contenir

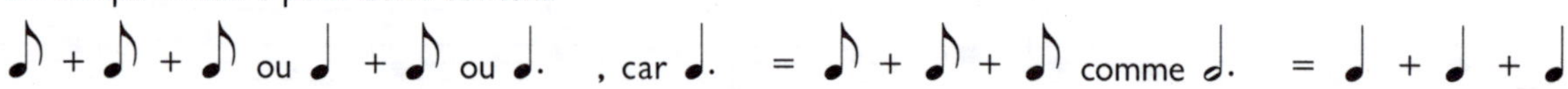

1.3. La mesure à **2 temps ternaires** se chiffre $\frac{6}{8}$ car elle est composée de 6 ♪ (3 par temps), soit:

Remarque: le rythme ternaire donne une impression de balancement.

2. Mélodie

2.1. L'intervalle

*La distance qui sépare 2 notes en hauteur est un **intervalle**.*

2.2. La seconde

Entre deux notes conjointes (voisines) cet intervalle est **une seconde**

2.3. Entre notes naturelles:

Si cette seconde est petite (½ ton) elle est dite *"mineure"*.
Si cette seconde est grande (1 ton) elle est dite *"majeure"*.

Dans la gamme de "Do" on ne trouve des secondes mineures que
- entre mi et fa
- entre si et do
Toutes les autres secondes sont majeures.

2.4. Il est possible de diviser un ton en 2 demi-tons en employant une altération.

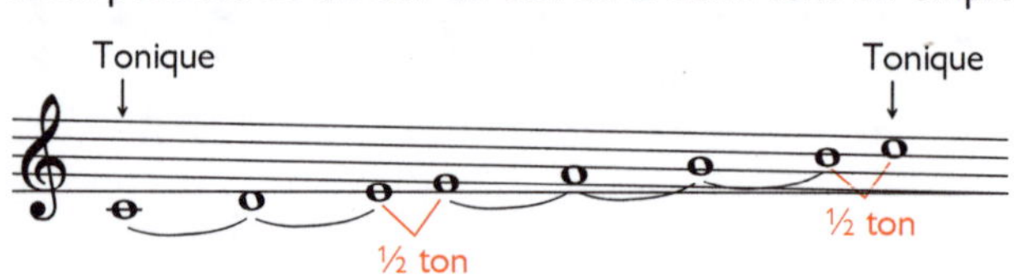

2.5. Écris le nom et la qualification (Majeure - M ou mineure - m) des intervalles suivants:

2de m. asc. = seconde mineure ascendante - 2de M. desc. = seconde Majeure descendante

③ **Lecture rapide par cellule rythmée** (battre du doigt les pulsations)

Lire en 𝄞 puis en 𝄢

1. 4 sons: secondes et tierces

2. 5 sons: secondes et tierces

3. 7 sons: secondes avec broderies

④ **Ecriture rapide**

Au choix du professeur qui dictera, par cellule, en chantant et en prononçant le nom des notes. L'élève s'efforcera de l'écrire par cœur après l'avoir entendue *une seule fois*.

RYTHME

⑤ Avant de dire ou de chanter ces textes, en marquer les impulsions (↓) et les pulsations (|).

1.

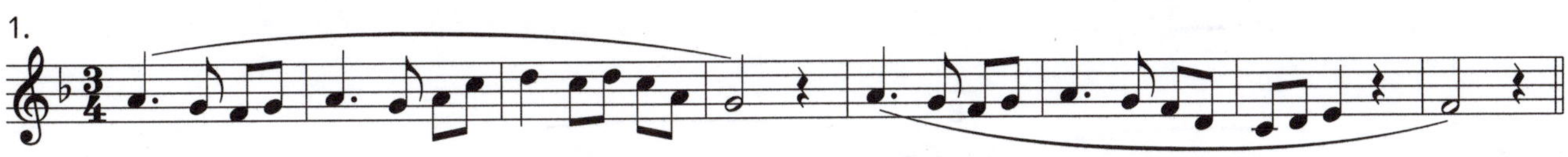

2.

3.

LEÇONS :
- Chante avec les paroles et avec le nom des notes la "Chanson de route"
- Apprends par cœur au moins **5** et **6**
- Lis ②
- Quelle est la tonique de ce chant?
- Lis chaque jour ③ le plus vite possible, par cellule.
- Fais l'exercice ⑤.

DEVOIRS : Fais le devoir ②2.5. sur les secondes majeures et mineures.

5.

N°1 Te Deum

Marc-Antoine Charpentier (1634-1702)
Arrangement de M. Vergnault

N°2

* “Sou”

① Chante joyeusement cette pièce en marquant bien l'impulsion de chaque mesure.

COMPRÉHENSION DU TEXTE

② *Marc-Antoine Charpentier* est un compositeur français du 18ème siècle. Il a connu Molière et le roi Louis XIV.

1. Rythme

1.1. La mesure à $\frac{4}{4}$ (ou à 4 noires)

La mesure à $\frac{4}{4}$ est une mesure à *4 temps binaires.*

Elle se bat ainsi:

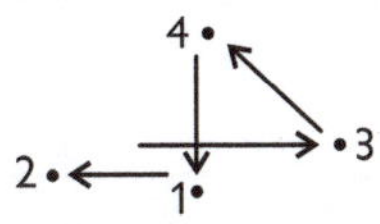

Il est nécessaire de connaître la battue des mesures pour comprendre les gestes des chefs d'orchestre et des chefs de chœur.

2. Mélodie

2.1. L'altération

L'altération est *la* ***modification de la hauteur du son de la note.***

2.2. Le dièse ♯ est une *altération ascendante* qui élève de ½ ton le son naturel de la note dont il fait un son nouveau (u)

2.3. Le bémol ♭ est une *altération descendante* qui abaisse de ½ ton le son naturel de la note devant laquelle il est placé.
Elle devient un nouveau son (ou)

2.4. Le bécarre ♮ ramène la note à sa hauteur naturelle

Note importante:

Dans le solfège chanté, nous conseillons d'altérer aussi le nom des notes en modifiant leur voyelle: - U pour le ♯
- OU pour le ♭

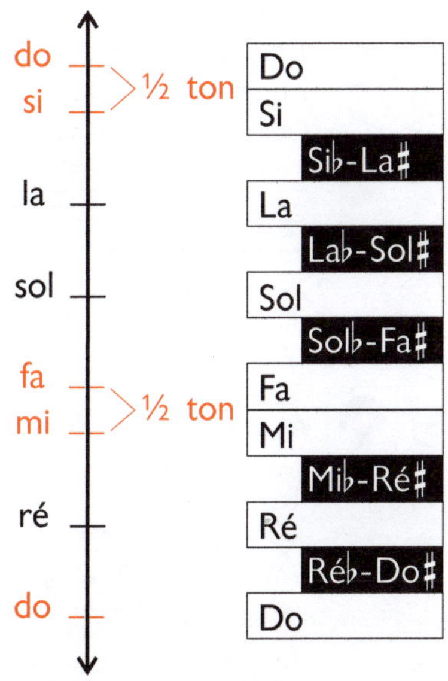

Exemple:

Sur tous les instruments les sons altérés s'obtiennent avec un doigté – une position – *différent* de ceux des notes naturelles.
Cette méthode simple, inspirée de la pratique allemande, donne d'excellents résultats pour le développement de l'audition (justesse) et de la mémoire (se reporter à la préface).

2.5. Après chacune des notes suivantes écrit:

1. Celle qui se trouve ½ ton plus haut qu'elle

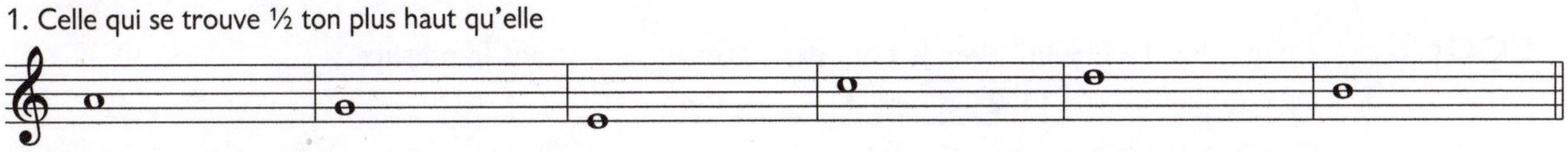

2. Celle qui se trouve ½ ton au-dessous d'elle

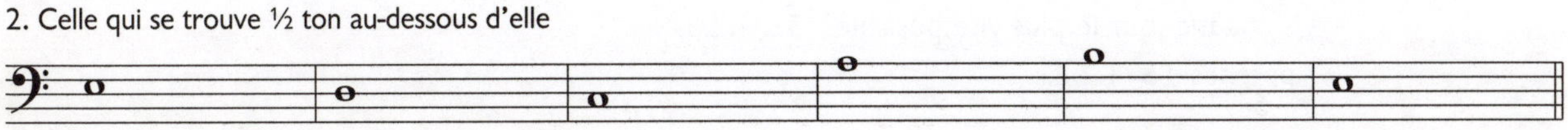

③ **Lecture rapide par cellule rythmée** (battre du doigt les pulsations)

Lire en 𝄞 puis en 𝄢

1. 4 + 3 notes en tierces

2. 5 notes en secondes et tierces

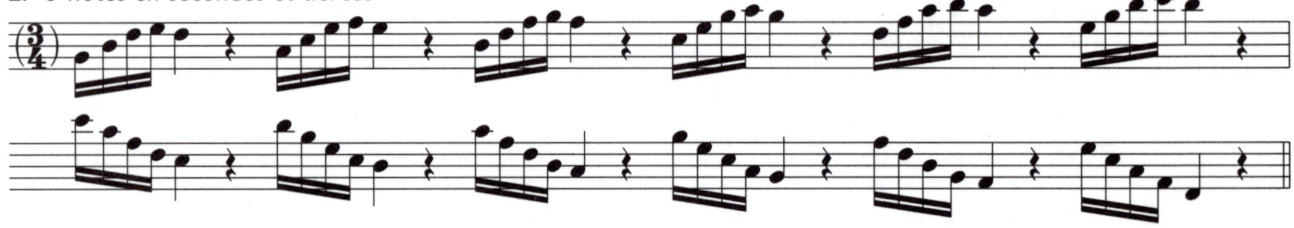

3. 7 notes en secondes

④ **Ecriture rapide**

Au choix du professeur qui dictera, par cellule, en chantant et en prononçant le nom des notes. L'élève s'efforcera de l'écrire par cœur après l'avoir entendue *une seule fois*.

RYTHME

⑤ Avant de dire ou de chanter ces textes, en marquer les impulsions (↓) et les pulsations (|).

1.

2.

3.

LEÇONS :
- Chante le "Te Deum" avec le nom des notes et en battant la mesure.
- Chante par cœur 1 2 3 et 4.
- Quelle est la tonique de ce chant?
- Lis chaque jour le plus vite possible ③ 1.2.3.
- Apprends ⑤ 1.2.3.

DEVOIRS : Exercice ② 2.5

6.

N°1

My Bonnie

Chanson populaire
Harmonisation de M. Vergnault

* "Sou"

N°2

Ⓘ Chante joyeusement cette chanson de marin anglaise. Marque bien les impulsions du 1er temps et mets en évidence son rythme à 2 temps ternaires qui évoque le balancement du pas des marins. Tu peux l'apprendre par cœur entièrement.

COMPRÉHENSION DU TEXTE

② "My Bonnie" est une *chanson populaire*, c'est-à-dire qu'on n'en connait pas le – ou les – auteur(s), mais que cette chanson est très connue.
Son rythme est celui de la **Sicilienne** 

1. Rythme

1.1. Durée des sons
Le point de prolongation
Le ***point de prolongation*** *se place après la note qu'il prolonge de* ***la moitié de sa durée*** *primitive.*

Exemples:
ou mieux écrit:

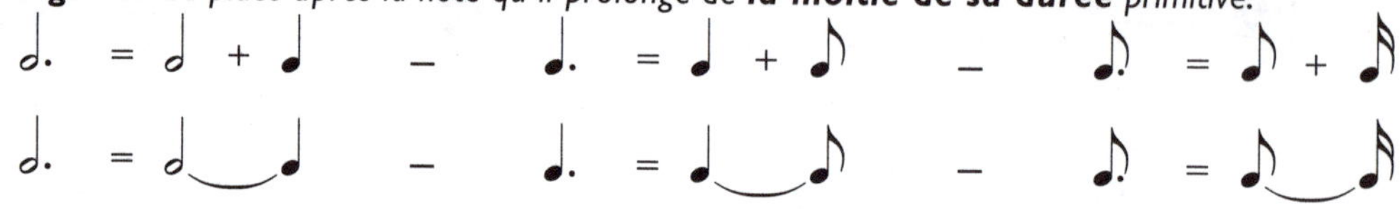

1.2. ***Le double point*** *est un point pointé*

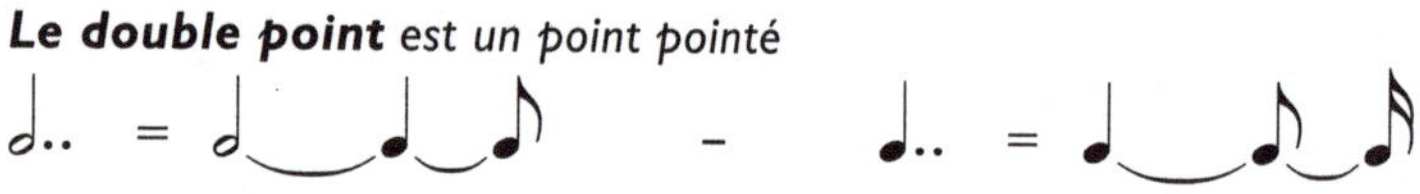

1.3. Exercice: Écris à l'aide d'une note pointée les durées suivantes:

2. Mélodie

2.1. L'altération accidentelle
L'altération accidentelle *est celle qu'on rencontre isolément dans le cours d'un morceau.*
Son effet est valable jusqu'à la prochaine barre de mesure, seulement pour les notes de même nom qui la suivent.

2.2. L'altération constitutive ou **armure** est placée "à la clé" c'est-à-dire aussitôt après la clé.
Son effet s'étend à toutes les notes de même nom – même d'octave différente – tant qu'il n'est pas modifié par une nouvelle armure ou par une altération accidentelle.

2.3. Exercice: quelles sont les altérations constitutives de

- "My Bonnie": ....
- "Chanson de route": ....
- Quelle est la tonique de "My Bonnie"? ....
- Quelle est le ton de "My Bonnie"? ....

③ **Lecture rapide par cellule rythmée** (battre du doigt les pulsations)
Lire en 𝄞 puis en 𝄢

1. 4 notes en accord parfait

2. 5 sons en secondes et tierces

3. 7 sons en secondes

(4) **Ecriture rapide**
Au choix du professeur qui dictera, par cellule, en chantant et en prononçant le nom des notes. L'élève s'efforcera de l'écrire par cœur après l'avoir entendue *une seule fois*.

RYTHME

(5) Avant de dire ou de chanter ces textes, en marquer les impulsions (↓) et les pulsations (|).

1.

2.

3.

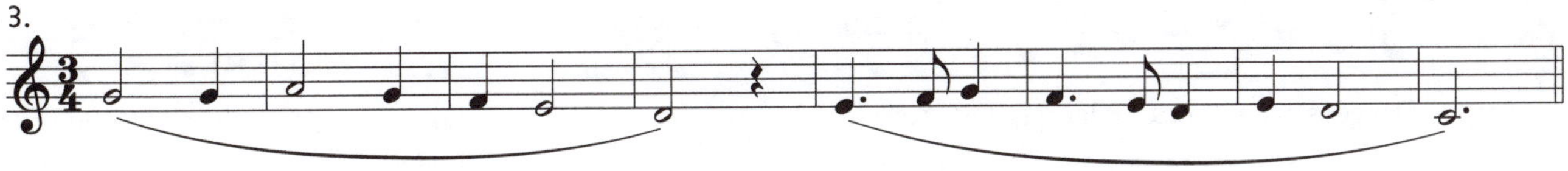

DICTÉE

(6) Le professeur dictera, à son choix, sur un instrument, une phrase (anacrouse comprise) du chant de cette leçon ou de la précédente.

LEÇONS : - Chante "My Bonnie" avec les paroles, si possible, et le nom des notes en battant la mesure
- Chante par cœur **1** et **2**.
- Apprends (2)(3)(5)

DEVOIRS : Fais les exercices (2) 1.3 et (2) 2.3.

7.

L'Arlésienne – Marche des rois et Farandole

Georges Bizet (1838-1875)

4
Ve - naient d'a - bord des gar - des du corps Des gens ar - més a - vec tren - te pe - tits
p
pa - ges Ve - naient d'a - bord des gar des - du corps Des gens ar - més des - sus leurs jus - tau -
Allegro (♩ = 176)
5
corps
Reprendre les mêmes paroles: De bon ma - tin...
8va
1.
2.
8va
1.
8va

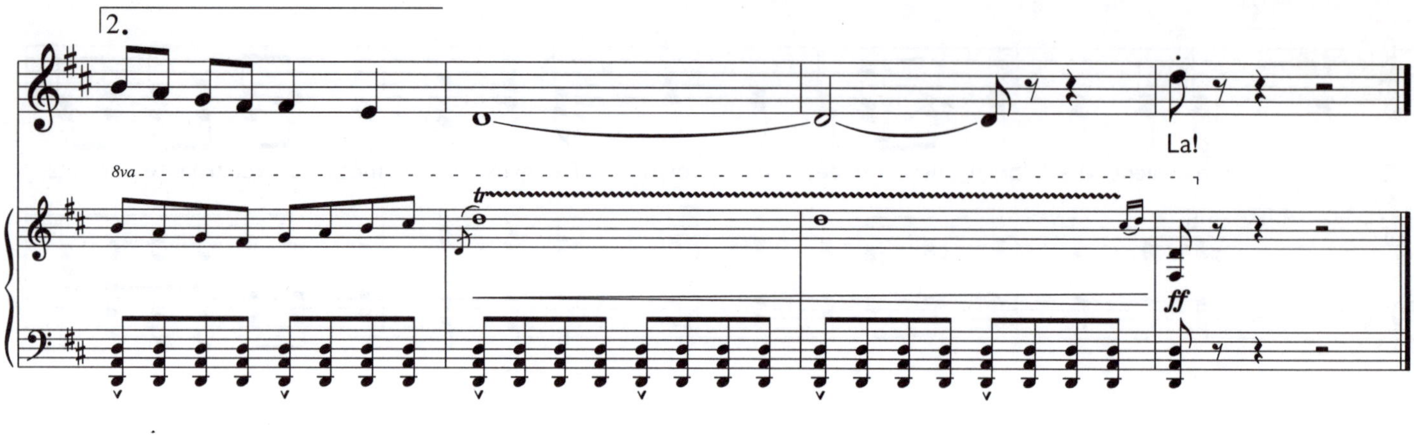

COMPRÉHENSION DU TEXTE

② *Georges Bizet* est un compositeur français. Son œuvre la plus connue, l'opéra "Carmen", est jouée dans le monde entier.

1. Rythme

1.1. ***L'anacrouse***, ou levée, *est la préparation à la première impulsion d'un morceau ou d'une phrase musicale.* Elle précède donc la barre de mesure. Elle nous entraine vers l'impulsion. L'impulsion doit nous conduire vers l'impulsion suivante. Ainsi la musique est mouvement comme la vie.

1.2. L'anacrouse peut être composée de plusieurs sons.

2. Mélodie

2.1. Le "ton"

Le mot "ton" ne désigne pas seulement l'unité de mesure des intervalles mais aussi la base choisie pour la "tonalité", par exemple "ton de Do" (ou d'Ut), "ton de Sol", "ton de Fa" (on dit aussi "tonalité de Fa" par exemple). Le **ton** et la **tonique** se confondent dans le même nom de note.

2.2. La **tonalité** est le système musical le plus employé du XVIème au XXème siècle. Il s'agit des rapports de mouvement des sons entre la *"tonique"* et la *"dominante"* en vue d'exprimer des émotions, des sentiments (joie, enthousiasme, tristesse, calme etc.)

2.3. Le schéma habituel est tonique (1er degré) ↗ dominante (5ème degré) ↘ tonique

DEVOIRS : - Cherche les anacrouses. Écris leur(s) rythme(s) ....

- Comment sont construites les phrases **3** et **3bis** ? ....
- Comment est construite la phrase **4** ? ....
- Quel est le rapport entre la voix et le piano à partir de **5** ? ....
- Quelle est la tonique et quelle est la dominante? ....

8.

La Moldau, poème symphonique

F.-S. Smetana (1824-1884)
Arrangement de M. Vergnault

Le petit ruisseau

* ♯ (voyelle U: dire "Sul")

① Chante le thème avec le nom des notes
Apprends ce thème par cœur (les huit premières mesures)

COMPRÉHENSION DU TEXTE

② *F. Smetana* était un compositeur tchèque du XIXème siècle. Il a composé ce poème symphonique par amour pour son pays.
Un poème symphonique est une histoire racontée par un orchestre symphonique. Celui-ci est comme un film qui suit la rivière Moldau de sa source jusqu'à sa disparition dans un plus grand fleuve. Il commence par un mode mineur très doux pour s'épanouir en un majeur puissant et lumineux.
Ecoute un enregistrement de "la Moldau", tu la comprendras mieux.

1. Rythme

1.1. Les mesures composées à 2, 3 et 4 temps
Ces mesures dites "composées" ont des *temps ternaires.*

Mesure à 2 temps ternaires: 

Mesure à 3 temps ternaires: 

Mesure à 4 temps ternaires: 

Le chiffre inférieur est un 8 parce qu'il y a 8 ♪ dans une ronde.

2. Mélodie

Le thème

2.1. Le thème est la phrase musicale caractéristique sur lequel l'œuvre sera construite.
Dans "la Moldau" c'est la phrase musicale qui représente la rivière.

2.2. Il peut être modifié ou "varié" mélodiquement ou rythmiquement. Dans les chansons, le refrain sert de thème.

2.3. Les grandes œuvres musicales ont plusieurs thèmes.

2.4. Le style de la partie de piano change à chaque phrase:

À quoi te fait penser - la phrase **1** ? ....

- la phrase **2** ? ....

- le rythme ternaire de cette œuvre? ....

③ **Lecture rapide par cellule rythmée** (battre du doigt les pulsations)
Lire en 𝄞 puis en 𝄢

1. 5 notes

2. 8 notes

3. 7 notes

④ **Ecriture rapide**

Au choix du professeur qui dictera, par cellule, en chantant et en prononçant le nom des notes. L'élève s'efforcera de l'écrire par cœur après l'avoir entendue *une seule fois*.

RYTHME

⑤ Avant de dire ou de chanter ces textes, en marquer les impulsions (↓) et les pulsations (|).

1.

2.

3.

DICTÉE

⑥ Le professeur dictera, à son choix, sur un instrument, une phrase (anacrouse comprise) du chant de cette leçon ou de la précédente.

LEÇONS : - Chante par cœur [1] et [3] de "la Moldau".
- Lis et apprends ②
- Lis chaque jour ③
- Chante ⑤ tous les 2 jours

DEVOIRS : Fais l'exercice ②2.4.

9.

Peer Gynt – Chanson de Solveig

E. Grieg (1843-1907)
Adaptation paroles et musique
de M. Vergnault

Original en "La"

①  Chante la "Chanson de Solveig". Apprends par cœur les phrases **1**, **2** et **5**. Joue-les sur ton instrument.

COMPRÉHENSION DU TEXTE

②  *Peer Gynt* et *Solveig* sont des personnages norvégiens, comme *Grieg*.

Compare: - la 3ème mesure de **1** avec la 3ème mesure de **2**. Qu'en penses-tu?
- le couplet (**1** à **4**) avec le refrain **5**.
- ce chant avec "l'Arlésienne" et avec "la Moldau".

2. Mélodie

2.1. L'intervalle de tierce

La tierce (3ème note) est le plus petit intervalle disjoint.

Elle peut être *Majeure* (grande), composée de 2 tons, ou *mineure* (petite), et alors, composée de 1 ton et 1 demi-ton (1½ ton).

Exemples de tierces majeures (2 tons): 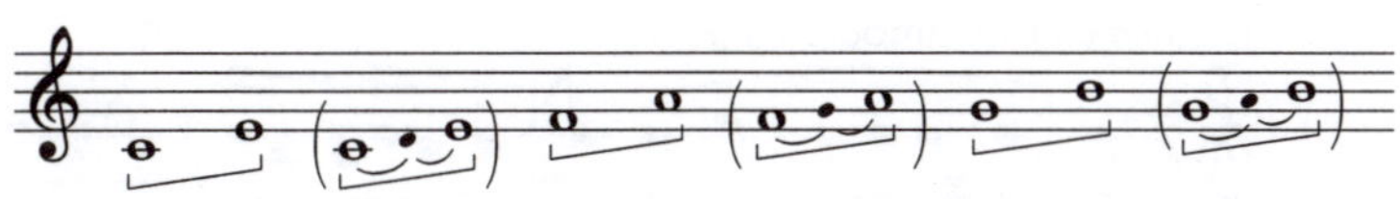

Exemples de tierces mineures (1½ ton): 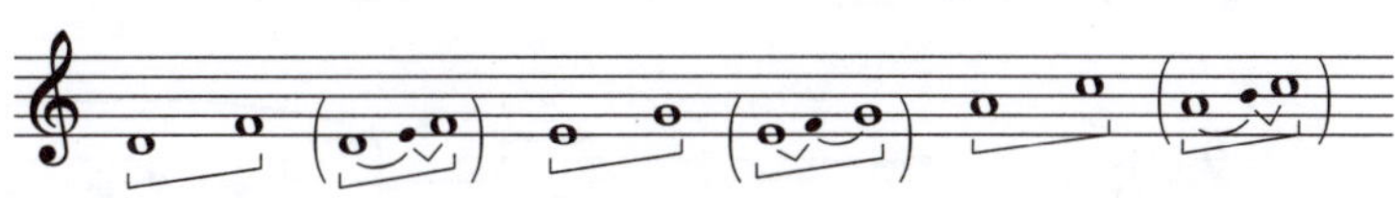

2.2. Le mode

Lorsque la 1ère tierce d'une tonalité est majeure, cette tonalité est aussi majeure.

Si la 1ère tierce est mineure, la tonalité est aussi mineure.

Exemples pris dans "l'Arlésienne":

 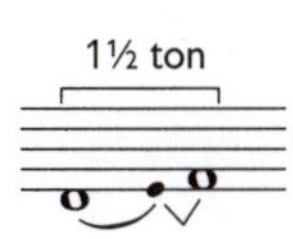

la tierce est mineure
cette phrase est en "Ré mineur"

 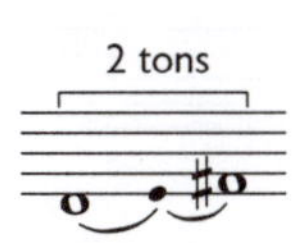

la tierce est majeure
cette phrase est en "Ré Majeur"

③ **Lecture rapide par cellule rythmée** (battre du doigt les pulsations)

Lire en 𝄞 puis en 𝄢

1. 4 notes avec secondes, tierces et quartes

2. 5 notes avec secondes et tierces

3. 5 notes avec triolet

④ **Ecriture rapide**

Au choix du professeur qui dictera, par cellule, en chantant et en prononçant le nom des notes. L'élève s'efforcera de l'écrire par cœur après l'avoir entendue *une seule fois.*

RYTHME

⑤ Avant de dire ou de chanter ces textes, en marquer les impulsions (↓) et les pulsations (|). Battre la mesure.

1. *Schumann:* les amours du poète

2.

3.

DICTÉE

⑥ Le professeur dictera 2 fragments d'après le chant ou le rythme ⑤.

LEÇONS : - Lis et apprends ①②③ et ⑤.

10.

Poésie de H. Heine
Chant populaire allemand
Harmonisation de M. Vergnault

La Lorelei

Traduction de la 1ère strophe de "la Lorelei":

Je ne sais pourquoi je suis triste
une légende des anciens temps ne me quitte pas.
L'air est froid, le ciel s'assombrit,
et calme coule le Rhin.
Le sommet des montagnes brille
dans le soleil couchant.

(1) Chante par cœur "La Lorelei" avec le nom des notes.

Continue à transposer "la Lorelei" jusqu'à la fin de **2b** en respectant bien les tons et demi-tons d'une note à la suivante. Place l'armure (altération constitutive) et donne le ton.

Joue ce chant sur ton instrument et avec celui-ci vérifie ta transposition.

COMPRÉHENSION DU TEXTE

② Selon une légende allemande, la Lorelei (prononcer "Loreläï"), comme la "Sirène" nordique, capterait l'attention du navigateur par la beauté de son chant, en un lieu où le Rhin est particulièrement dangereux.
Sur cette légende le poète allemand *Henri Heine* a composé un beau poème qui a été mis en musique par un auteur inconnu.
La mesure à $\frac{6}{8}$ (2 temps ternaires) évoque le balancement du fleuve, tandis que les notes aiguës du piano font penser aux éclats lumineux des vaguelettes. Seule la phrase 3 est plus sombre.
Chaque phrase musicale de 4 mesures comporte 2 demi-phrases commençant chacune par une anacrouse qui impose le balancement.

Questions:

- Quel est le ton principal (tonalité) de "la Lorelei"? ....
- Quel en est le mode (majeur ou mineur)? ....
- Quel est le ton de la phrase **3**? (observe **3b**) ....
- Compare **1b** avec **2b**, puis **2b** avec **4b**
- Le rythme du piano est-il en rapport avec le poème? .... en quoi? ....

1. Rythme

Le triolet *est la division ternaire d'un temps habituellement binaire*; par exemple dans une mesure à $\frac{2}{4}$ on emploiera un triolet de croches pour avoir 3 notes égales. On le confirme par le chiffre *3* :

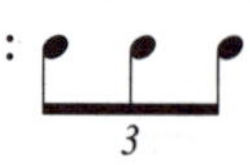

2. Mélodie

- Construis ci-dessous la gamme ascendante de "Do Majeur"
- Pourquoi est-elle en "mode Majeur"?

③ **Lecture rapide par cellule rythmée** (battre du doigt les pulsations)

Lire en clé de sol puis en clé de fa

1. 6 notes conjointes

2. 4 notes conjointes

3. 7 notes avec tierces et triolets

④ **Ecriture rapide**

Au choix du professeur qui dictera, par cellule, en chantant et en prononçant le nom des notes. L'élève s'efforcera de l'écrire par cœur après l'avoir entendue *une seule fois.*

RYTHME

⑤ Avant de dire ou de chanter ces textes, en marquer les impulsions (↓) et les pulsations (|). Battre la mesure.

1.

2. (à la pêche des moules)

3.

DICTÉE

⑥ Le professeur dictera un extrait du chant ou du rythme ⑤ (2 fragments)

LEÇONS : Apprends ①(les notes seules), ②, ③ et ⑤

DEVOIRS : Complète ① et ②

II.

La belle meunière: N°1 – En route

F. Schubert (1797-1823)
Texte français de M. Vergnault

Ton original: Si♭

* prononcer "mou"

① Chante "En route" avec les paroles et le nom des notes.
Apprends par cœur le nom des notes des phrases **1a**, **2a** et **3a**.

COMPRÉHENSION DU TEXTE

② ⚠ *Franz Schubert* est un célèbre compositeur autrichien. Mort à 26 ans, il a cependant composé de nombreuses œuvres. Parmi les plus connues citons: "la Truite", la Symphonie inachevée...
"La belle meunière" est un *cycle* de 20 mélodies (*Lieder* ou chants) contant l'amour d'un apprenti-meunier pour une jeune et belle meunière. "En route" est le 1er "Lied" de ce cycle (de cette histoire):
Le moulin est mu par l'eau du ruisseau dont le "tic-tac" (bruit de la mécanique) est évoqué par la partie de piano. Le chant est joyeux.

⚠ 1. Rythme

1.1. Les silences

*Les **silences** sont des signes d'interruption momentanée des sons.*
Leur durée est équivalente à celle des notes correspondantes:

- La pause 𝄻 (sous la 4ème ligne) correspond à la ronde 𝅝
- La demi-pause 𝄼 (sur la 3ème ligne) correspond à la blanche 𝅗𝅥
- Le soupir 𝄽 (ou 𝄽) correspond à la noire ♩
- Le demi-soupir 𝄾 correspond à la croche ♪
- Le quart de soupir 𝄿 correspond à la double-croche 𝅘𝅥𝅯

1.2. On peut pointer les silences ou les compléter par le silence nécessaire.
Exemple: 𝄽. ou 𝄽 𝄾 (il est inutile de les lier)

Recopie et nomme les silences que tu trouves dans "En route". Indique quelles sont les notes de durée équivalente.

....

....

....

2. Mélodie

- Pourquoi le piano est-il écrit tout en clé de Fa?
- Construis la gamme de "Sol Majeur" ascendante et descendante. Marque les tons et les demi-tons.

- Donne la qualification (Majeure ou mineure) et la composition de la 1ère tierce que tu entoureras d'un cercle.
- Entoure tous les "Fa♯" de la phrase **Ia**.

③ **Lecture rapide par cellule rythmée** (battre du doigt les pulsations)

Lire en 𝄞 puis en 𝄢

1. Arpège en tierces et quarte

2.

3. 7 notes avec tierces et triolet

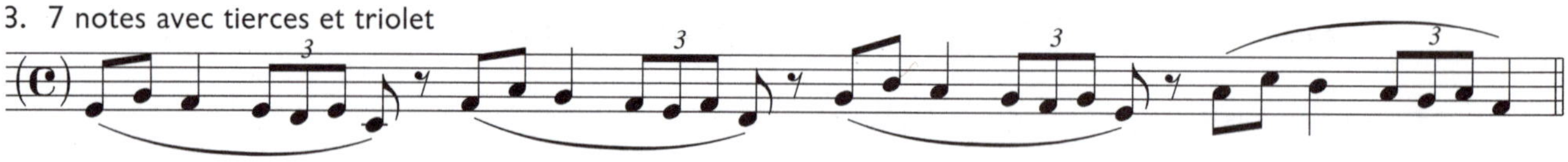

④ **Ecriture rapide**

Au choix du professeur qui dictera une seule fois, par cellule, en chantant et en prononçant le nom des notes.

RYTHME

⑤ Avant de dire ou de chanter ces textes, en marquer les impulsions (↓) et les pulsations (|).
Battre la mesure.

1.

2.

3.

DICTÉE

⑥ Le professeur dictera un extrait du chant ou du rythme ⑤ (2 fragments)

LEÇONS : Apprends ①, ②, ③ et ⑤

DEVOIRS : Fais les exercices ② 1.2. et ⑤

12.

Greensleeves

Anonyme anglais du 16ème siècle
Harmonisation de M. Vergnault

①  Chante "Greensleeves" avec le nom des notes. Si possible joue-le sur ton instrument.
Apprends-le par cœur jusqu'à **3**.

 Ci-dessous, copie le texte musical à chanter (les notes) jusqu'à **3** en le développant, c'est-à-dire sans utiliser les signes de reprise.

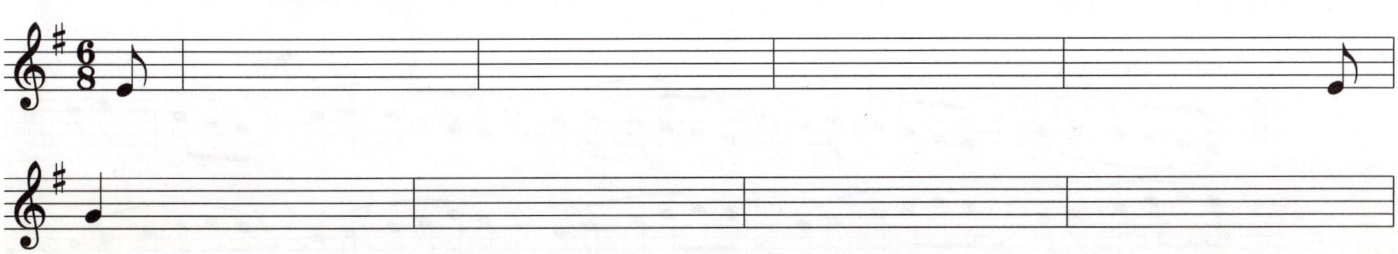

COMPRÉHENSION DU TEXTE

② "Greensleeves": ce chant très connu aux 16ème et 17ème siècles fut réutilisé par de nombreux compositeurs et joué, notamment à la guitare, au luth, à la harpe, au clavecin jusqu'à nos jours.
Mélancolique, il est en mode mineur. Son rythme balancé est écrit à $\frac{6}{8}$ avec un élément de base de 2 mesures et une phrase de 2 fois 4 mesures. Remarque la fin de chacune.
L'accompagnement au piano évoque la harpe ou la guitare.

1. Rythme

- Écris ce rythme en 3 mesures à $\frac{3}{4}$:

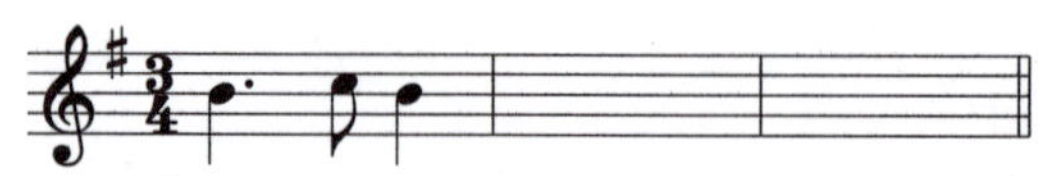

et chante-le de plus en plus vite.

- Combien de temps y a-t-il dans la mesure à $\frac{6}{8}$? ....

2. Mélodie

- Quel est le ton (tonalité) de ce chant? mi m

Pourquoi? Car ça commencer par mi et finit par mi

- Quel est le mode de ce chant? là sur mi

Pourquoi? ....

- Sur quel degré, Tonique (1er) ou Dominante (5ème) la phrase 3 se termine-t-elle? ....

et la phrase 4? ....

- Entoure tous les "Fa♯" de ce chant.

- Transpose 1 ton plus bas:

Rappel de la leçon 6: la validité de l'altération accidentelle cesse à la barre de mesure suivante.

③ **Lecture rapide par cellule rythmée** (battre du doigt les pulsations)
Lire en 𝄞 puis en 𝄢

1. 6 notes conjointes

2. 6 notes, secondes et tierces

3. 7 notes avec triolet

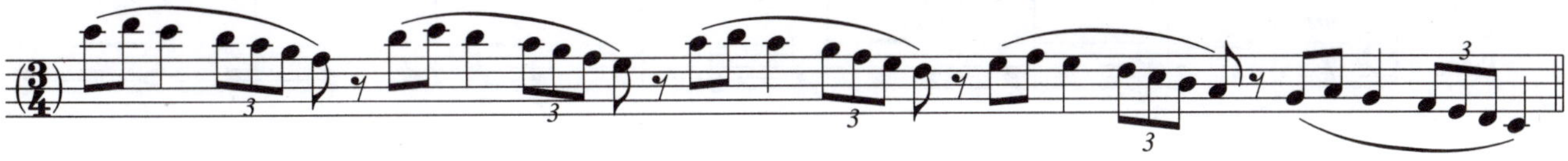

④ **Lecture chantée à 2 voix**

RYTHME

⑤ Avant de dire ou de chanter ces textes, en marquer les impulsions (↓) et les pulsations (|).
Battre la mesure.

1.

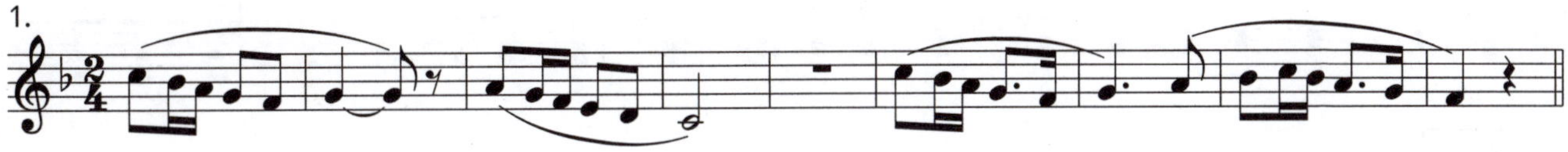

2.

3.

DICTÉE

⑥ Le professeur dictera un extrait du chant ou du rythme ⑤ (2 fragments)

LEÇONS : - Chante ①. Essaye de le jouer sur ton instrument
- Apprends ②, ③ et ⑤

DEVOIRS : - Fais les exercices ① et ②
- ④ à jouer à 2 ou sur un piano.

13.

VIIe Symphonie, 2ème mouvement

L. van Beethoven (1770-1827)
Réduction par M. Vergnault

* cette partie d'alto se joue une octave plus grave. Elle est écrite en clé d'ut 3e ligne.

① Chante les parties d'alto et de violon à 2 voix. Celle d'alto + violoncelle à 1 voix. Tu peux aussi les jouer avec ton instrument.

COMPRÉHENSION DU TEXTE

② *Beethoven* est l'un des plus grands compositeurs allemands du 19ème siècle. Ses œuvres les plus connues sont ses symphonies et ses concertos.
Les symphonies sont des œuvres pour orchestre "symphonique" composé des 4 familles d'instruments: cordes, bois, cuivres, percussions.
La famille des cordes, la plus nombreuse, est composée de l'aigu au grave de:
- Violons I
- Violons II
- Altos
- Violoncelles
- Contrebasses

Les symphonies de Beethoven comportent habituellement 4 parties appelées *"mouvements"*:
- 1er mouvement: vif, habituellement **Allegro**
- 2ème mouvement: lent, souvent **Andante** ou **Adagio**
- 3ème mouvement: vif, **Menuet** ou **Scherzo**
- 4ème mouvement: vif, **Allegro** ou **Rondo**

Le 2ème mouvement de la VIIe symphonie est une sorte de grand *"Canon"* en "La mineur".

I. Rythme

Le "piqué"

Contrairement au point de prolongation qui est placé après une note et qui prolonge la durée de celle-ci, *le **"piqué"** est un point qui raccourcit les notes,* ***mais sans en changer le rythme***. On le place au-dessus ou au-dessous des notes.

Exemple de l'effet du "piqué":

 pourrait s'écrire: 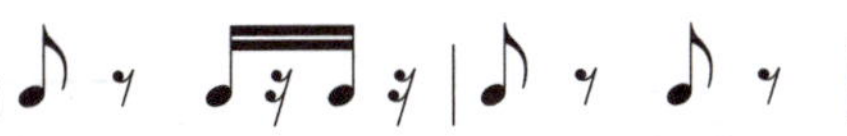, mais l'effet est plus rebondissant, comme un pizzicato, ou le son de harpe.

③ **Lecture rapide par cellule rythmée** (battre du doigt les pulsations)

Lire en 𝄞 puis en 𝄢

1.

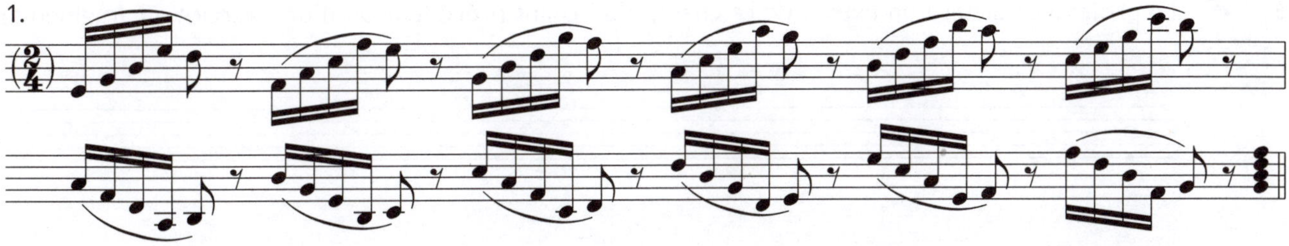

2.

3.

④ **Lecture chantée à 2 voix**

RYTHME

⑤ Avant de dire ou de chanter ces textes, en marquer les impulsions (↓) et les pulsations (|).
Battre la mesure.

1.

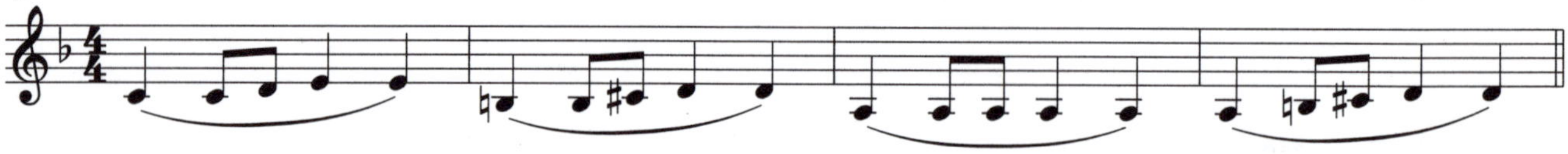

2.

3.

DICTÉE

⑥ Le professeur dictera un extrait de ce chant, d'un chant précédent ou d'un exercice (2 fragments)

LEÇONS : Apprendre ①, ② et ③

DEVOIRS : ⑤ à jouer à 2 ou sur un piano.

14.

Départ de la chasse
"Mit dem Pfeil, dem Bogen"

Chant populaire allemand
Traduction et harmonisation de M. Vergnault

(1) Chante les notes de ce chant, apprends-les par cœur et joue-les sur ton instrument. Fais de même pour la transposition ci-dessous:

COMPRÉHENSION DU TEXTE

② Les chants de chasse sont nombreux dans le folklore allemand. Les auteurs en sont inconnus.
La chasse nécessite aussi la marche. Ce chant est donc aussi une marche, à 2 temps comme presque toujours, mais 2 temps ternaires, soit à $\frac{6}{8}$.
Dans le refrain le piano évoque la trompe de chasse.

1. Rythme

1.1. Exercice pour placer l'anacrouse du refrain

frappe du doigt en chantant

frappe toutes les croches

1.2. La syncope

La syncope *est le déplacement de l'impulsion, du temps fort*

impulsion normale

syncope

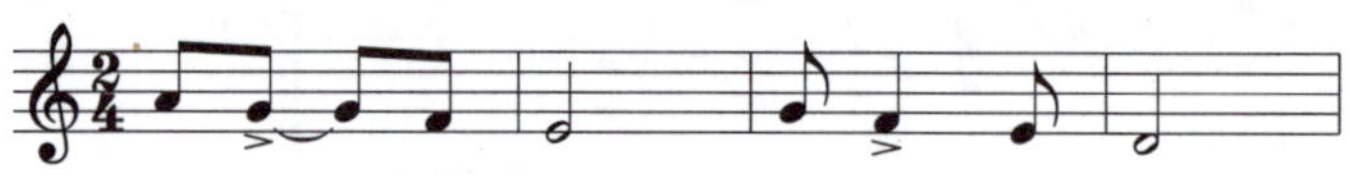

2. Mélodie et harmonie

- Quel est le ton de ce chant? Fa M
- Quel est le ton de sa transposition? Sol M
- Quel en est le mode? ....
- Construis la gamme ascendante de "Fa Majeur". Numérotes-en les degrés, marque la tonique d'un "T" et la dominante d'un "D".

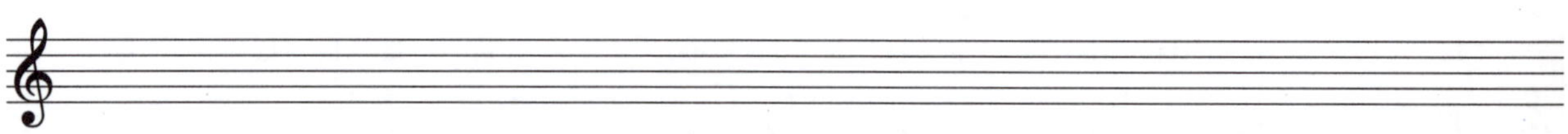

- Fais de même avec la gamme descendante de "Sol Majeur"

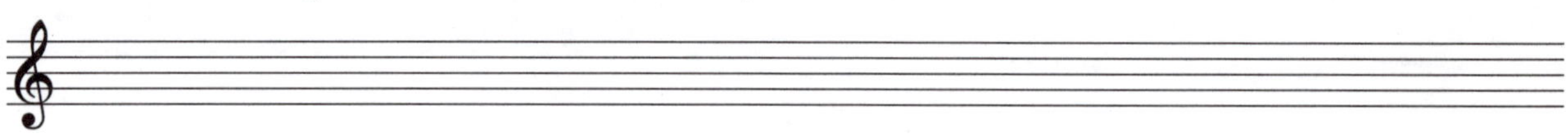

③ **Lecture rapide par cellule rythmée** (battre du doigt les pulsations)

Lire en 𝄞 puis en 𝄢

1.

2.

3.

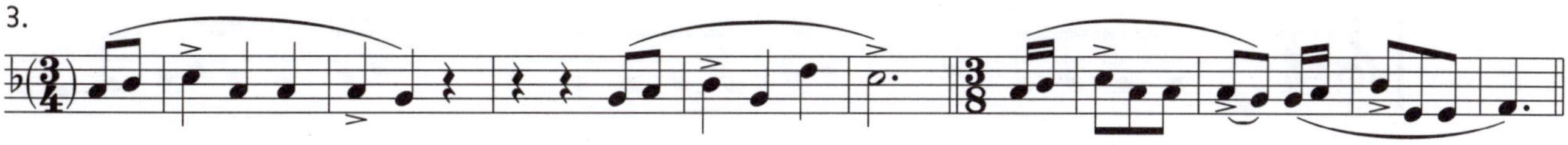

④ **Lecture chantée à 2 voix**

RYTHME

⑤ Avant de dire ou de chanter ces textes, en marquer les impulsions (↓) et les pulsations (|).
Battre la mesure.

1.

2.

3.

DICTÉE

⑥ Le professeur dictera un extrait de ce chant, d'un chant précédent ou d'un exercice (2 fragments)

LEÇONS : - Chante et joue ①
- Apprends ②, ③, ④ et ⑤

DEVOIRS : Fais les exercices ②2.

15.

Le Printemps: l'arrivée du printemps

"Les quatre saisons"
A. Vivaldi (1678-1741)
Arrangement de M. Vergnault

Allegro

(I) Chante et apprends la partie de Violon I et de Violon II. Chante-les ensemble à 2 voix. Compare l'écriture du rythme et joue-les sur ton instrument.

Écriture originale:

COMPRÉHENSION DU TEXTE

② Compositeur et violoniste italien réputé, *Antonio Vivaldi* vivait en même temps que Rameau, J.-S. Bach et Händel. Comme eux il a contribué au développement de la musique pour orchestre grâce au progrès de la qualité des violons, altos et violoncelles. Il a aussi composé de nombreux "opéras", pièces de théâtre chantées.
"Les quatre saisons" est un ensemble de quatre "concertos" pour les cordes, qui évoque la nature et la vie à la campagne pendant le printemps, l'été, l'automne et l'hiver.

1. Rythme

La syncope

La syncope *est un changement de rythme par déplacement de l'impulsion du 1er temps vers un temps faible.*
La syncope commence sur un temps faible et se prolonge sur un temps fort.

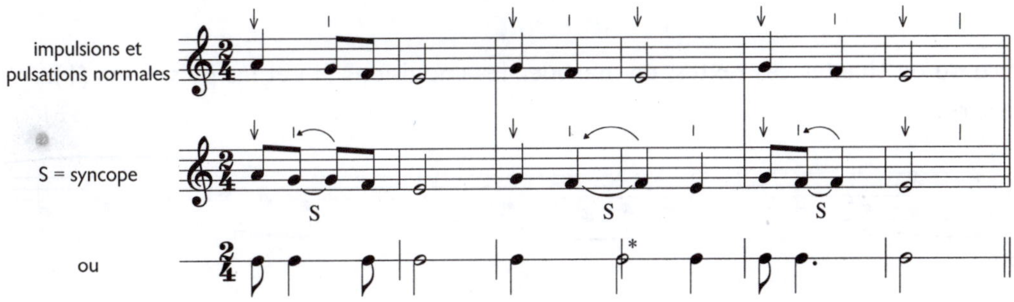

* manière ancienne d'écrire une syncope.

2. Mélodie et harmonie

- Quel est la composition (en tons) de la tierce Majeure? 2 T
- Quel est la composition (en tons) de la tierce mineure? 1T + 1/2 T
- Construis une tierce Majeure supérieure à partir de chaque note donnée. Emploie une altération si nécessaire.

- Maintenant construis une tierce mineure supérieure.

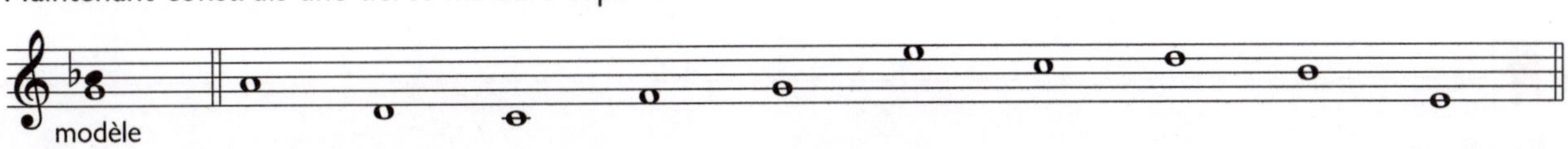

- Quelle est la tonique de "l'arrivée du printemps", phrase **4** ?
- Quelle est la dominante de "l'arrivée du printemps", phrase **1** ?

③ **Lecture rapide par cellule rythmée** (battre du doigt les pulsations)

Lire en 𝄞 puis en 𝄢

1.

2.

3.

④ **Lecture chantée à 2 voix**

RYTHME

⑤ Avant de dire ou de chanter ces textes, en marquer les impulsions (↓) et les pulsations (|).
Battre la mesure.

1.

2.

3.

DICTÉE

⑥ Le professeur dictera un extrait de ce chant, d'un chant précédent ou d'un exercice (2 fragments)

LEÇONS : Apprends ①, ②, ③ et ⑤

DEVOIRS : Fais les exercices ②2. et ⑤

16.

Le printemps: danse des bergers et bergères (thème)

"Les quatre saisons"
A. Vivaldi (1678-1741)
Arrangement de M. Vergnault

Allegro

* à cet endroit 75 mesures de variations ont été supprimées pour enchaîner avec les deux dernières mesures du "Printemps" qui est écrit ainsi:

① Chante et apprends la partie de Violon I et de Violon II. Si c'est possible joue-les ensemble sur ton piano ou avec un autre musicien. Ou bien chante-les à 2 voix.

COMPRÉHENSION DU TEXTE

② La "danse des bergers et bergères" est le 3ème mouvement du "concerto grosso" **Le printemps**. Pour évoquer cette danse légère et souple, Vivaldi choisis un $\frac{12}{8}$ à 4 temps ternaires. Les longs sons tenus rappellent un accompagnement de *vielle* ou de *cornemuse*, instruments campagnards anciens.

Le "concerto grosso" oppose un petit ensemble de solistes, le "concertino" (petit concert) à l'ensemble des instrumentistes (concerto grosso).

1. Rythme

Dans la musique contemporaine on écrit souvent le rythme sans barres de mesure. On y trouve des cellules binaires et des cellules ternaires en gardant la même pulsation.

Exemples:

Bien appuyer les impulsions

Pour préciser que le texte ci-dessus ne comporte aucun triolet on indique ♪ = ♪. On comprend que toutes les ♪ sont d'égale durée.

2. Mélodie et harmonie

- Quelle est la composition de

  la seconde Majeure? ....

  la tierce Majeure? ....

  la seconde mineure? ....

  la tierce mineure? ....

- Construis une seconde mineure inférieure à partir de chaque note donnée.

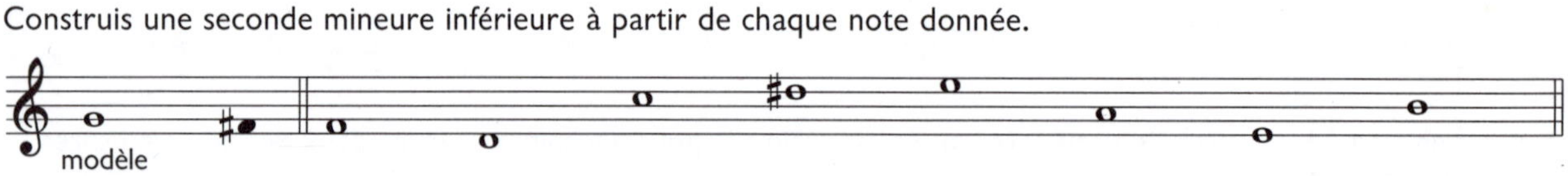

- Maintenant construis une seconde Majeure inférieure.

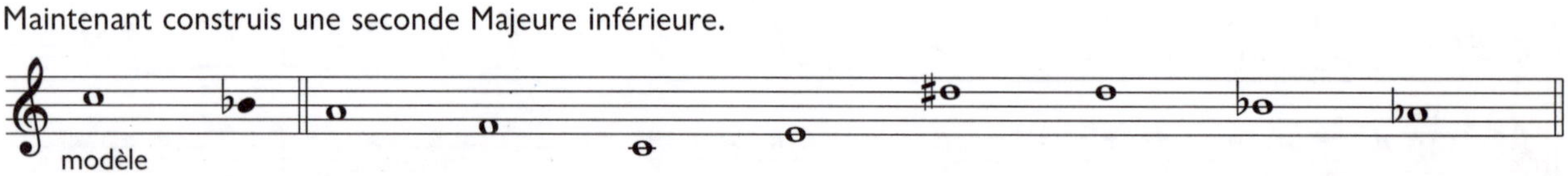

- En "Fa Majeur" quelle est la tonique? ....

- En "Fa Majeur" quelle est la dominante? ....

③ **Lecture rapide par cellule rythmée** (battre du doigt les pulsations)

Lire en 𝄞 puis en 𝄢

1.

2.

3.

④ **Lecture chantée à 2 voix**

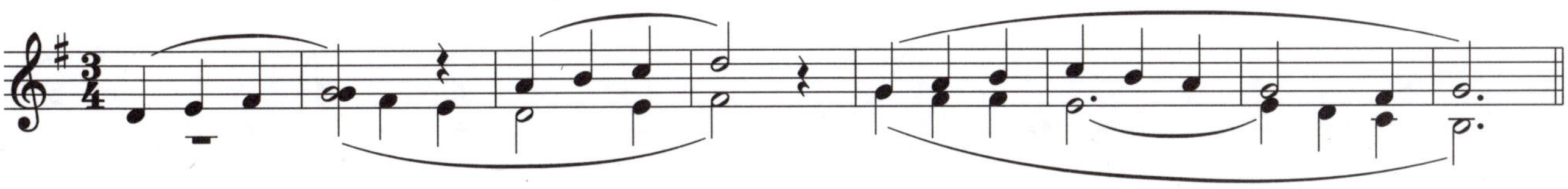

RYTHME

⑤ Avant de dire ou de chanter ces textes, en marquer les impulsions (↓) et les pulsations (|). Battre la mesure.

1.

2.

3.

DICTÉE

⑥ Le professeur dictera un extrait de ce chant, d'un chant précédent ou d'un exercice (2 fragments)

LEÇONS : Apprends ①, ②, ③ et ⑤

DEVOIRS : Fais l'exercice ②2.

17.

Berceuse hollandaise

R. Schumann (1810-1856)
Poème de Burns, traduit par J. Barbier

Original:

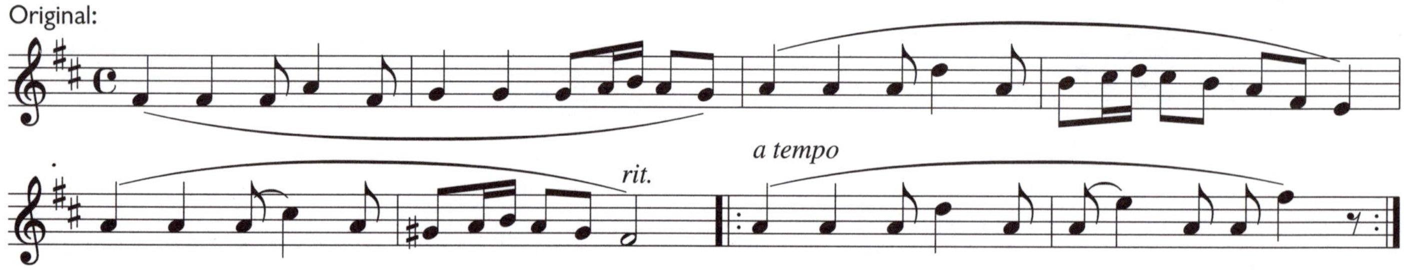

① Chante cette berceuse avec les paroles et le nom des notes.
Apprends-les par cœur.
Chante aussi l'original (fa♯ = fu, do♯ = du, sol♯ = sul)
Joue-les sur ton instrument.

Quelle est la tonique de ce chant? ....

Ce chant conclut-il sur la tonique? .... Qui le fait? ....

Trouves-tu souvent la dominante dans la partie de piano? .... Où? ....

COMPRÉHENSION DU TEXTE

② De 13 ans plus jeune que F. Schubert, *Robert Schumann* est aussi l'un des plus grands compositeurs allemands du 19ème siècle.
Pianiste, il a beaucoup composé pour cet instrument. Il est aussi l'auteur de 4 symphonies, de concertos, de musique de chambre (trios, quatuors) et de nombreux lieder, appelés en français "mélodies" (voir leçons 11 et 18).
Remarque la délicatesse de cette berceuse chantée par la mère du bébé qui attend le retour de Hollande de son mari.
Remarque aussi l'emploi de la syncope ♪ ♩ ♪ et la montée progressive du chant vers l'aigu.

Les nuances

Les nuances sont les différentes intensités (ou force, ou puissance) des sons.
Ce sont des nuances générales valables pour l'ensemble d'une phrase ou de plusieurs phrases jusqu'à la nuance suivante. Ces nuances générales peuvent être complétées de nuances de détail comme les impulsions ou des nuances de phrasé.
Les principales nuances sont, de la plus douce à la plus forte:

pp (pianissimo) = très doux
p (piano) = doux
mf (mezzo-forte) = mi-fort
f (forte) = fort
ff (fortissimo) = très fort

Les modifications de nuance sont:

meno = moins (prononcer "méno")
più = plus (prononcer "piou")
(crescendo* ou cresc.) = en augmentant (en croissant)
(decrescendo ou diminuendo**) = en diminuant

* prononcer "créchen'do"
** prononcer "diminouen'do"

Qualification des tierces

Au-dessous de chaque tierce indique si elle est Majeure (M) ou mineure (m)

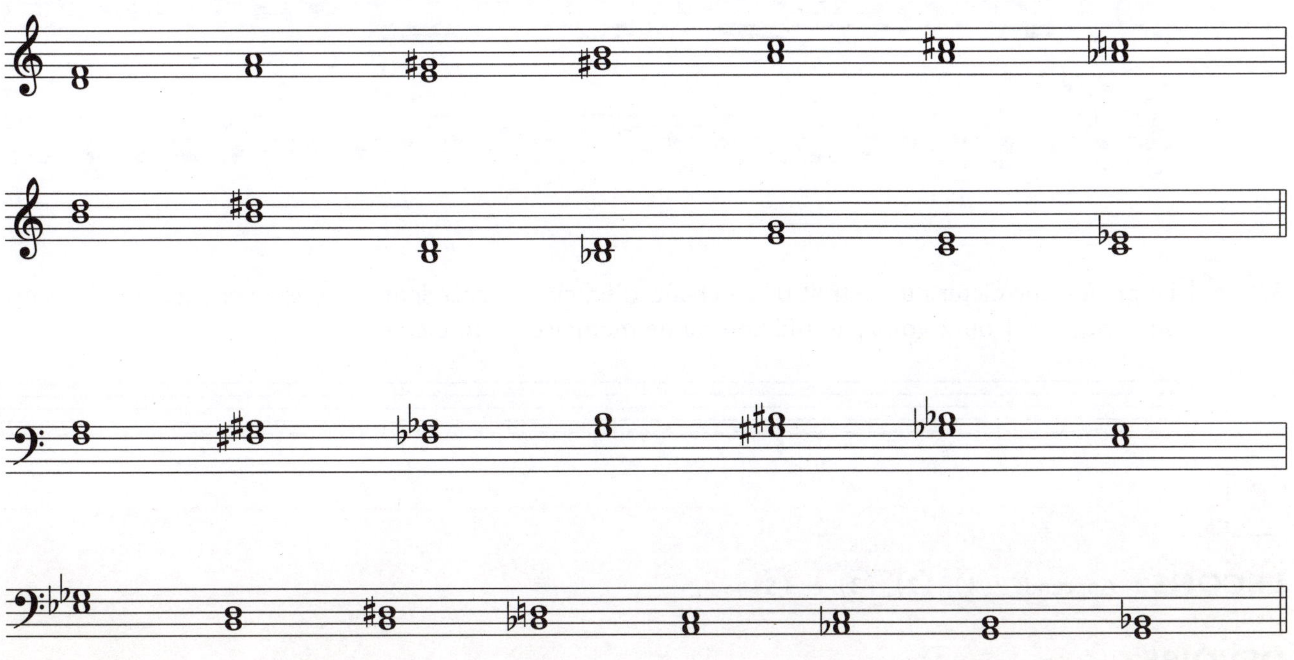

③ **Lecture rapide par cellule rythmée** (battre du doigt les pulsations)

Lire en 𝄞 puis en 𝄢

1.

2.

3.

4.

④ **Lecture chantée à 2 voix**

RYTHME

⑤ Avant de dire ou de chanter ces textes, en marquer les impulsions (↓) et les pulsations (|).
Battre la mesure.

1. Boléro

2. Boléro

3.

4.

DICTÉE

⑥ Le professeur dictera un extrait de ce chant, d'un chant précédent ou d'un exercice, avec ou sans anacrouse, à 1 ou 2 voix, par audition ou de mémoire (auto-dictée)

LEÇONS : Apprends ①, ②, ③ et ⑤

DEVOIRS : Fais l'exercice ②

18.

La belle meunière: N°9 – Les fleurs du meunier

F. Schubert (1797-1823)
Texte français de M. Vergnault

Ⓘ Chante ce chant avec les paroles et avec le nom des notes. Apprends-le par cœur et joue-le sur ton instrument. Fais la même chose pour la transposition.

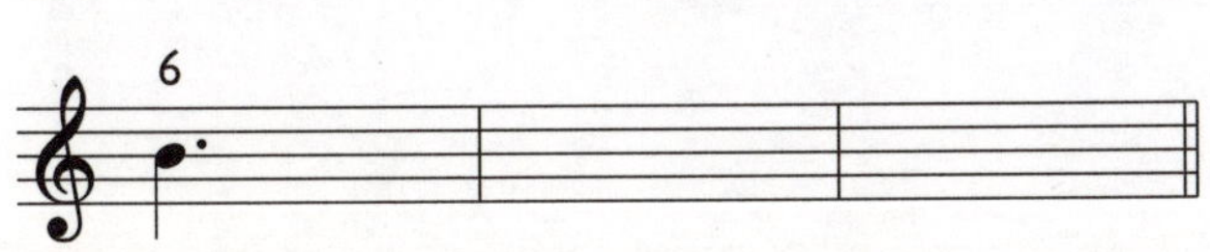

Rajoute la (ou les) altération(s) manquante(s) et complète les phrases 5 et 6.

COMPRÉHENSION DU TEXTE

② "Les fleurs du meunier" est le Lied N°9 de "la Belle Meunière", cycle de lieder de Schubert.
Franz Schubert a composé plus de 600 lieder pour chant et piano, 8 symphonies, de nombreuses œuvres instrumentales et vocales.
Reporte-toi à la leçon 11.

Mélodie et harmonie

La mélodie est formée par la succession des sons qui se jouent les uns après les autres.
L'harmonie est faite de sons simultanés qui se jouent en même temps. L'harmonie s'écrit verticalement.

L'harmonie utilise:
- les accords plaqués (sons simultanés écrits verticalement)

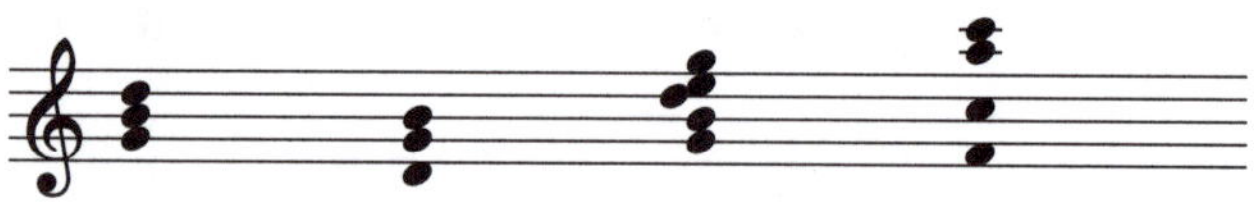

- les arpèges: accords égrenant leurs sons comme une harpe. Les arpèges sont écrits obliquement.

* La mélodie est aussi un chant avec accompagnement de piano.
En allemand on dit "Lied" (prononcer: "lide"). Mais on utilise aussi ce mot en français.

- Construis les tierces mineures supérieures de:

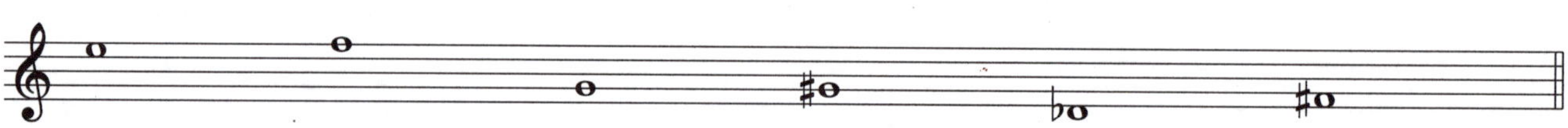

- Construis les tierces Majeures inférieures de:

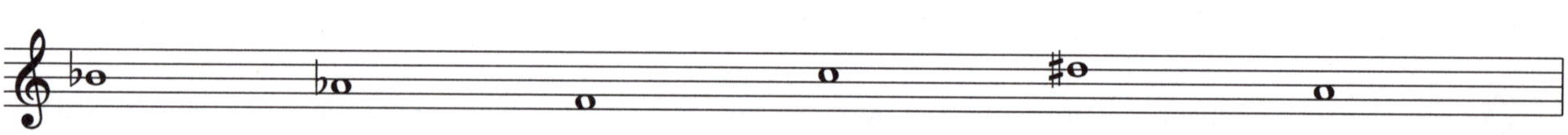

- Quelle est la tonique de "les fleurs du meunier"? ....

- Quelle en est la dominante? ....

③ **Lecture rapide par cellule rythmée** (battre du doigt les pulsations)

Lire en 𝄞 puis en 𝄢

④ **Lecture chantée à 2 voix**

RYTHME

⑤ Avant de dire ou de chanter ces textes, en marquer les impulsions (↓) et les pulsations (|).
Battre la mesure.

DICTÉE

⑥ Le professeur dictera un extrait de ce chant, d'un chant précédent ou d'un exercice, avec ou sans anacrouse, à 1 ou 2 voix, par audition ou de mémoire (auto-dictée)

LEÇONS : Apprends ①, ②, ③ et ⑤

DEVOIRS : Fais les exercices ①, ② et ⑤

19.

Symphonie "du Nouveau Monde"
1er thème du 2ème mouvement

A. Dvorák (1741-1904)
Arrangement pour chant et piano de M. Vergnault

Le ton original est Si♭ Majeur, et celui-ci? ....

① Chante ce thème et apprends-le par cœur. Joue-le sur ton instrument.

Transpose ci-dessous la phrase 1 en Si♭ Majeur, soit un ton plus bas, sans oublier les altérations.

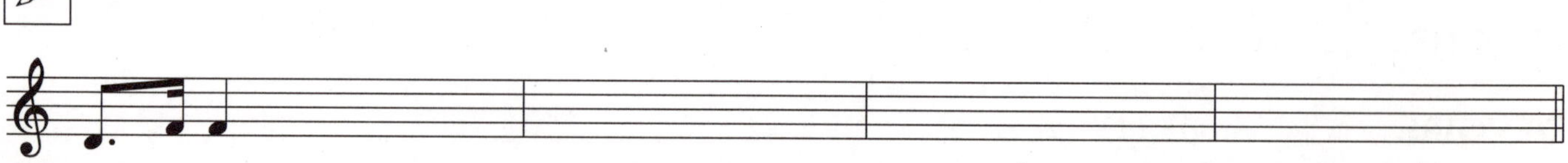

COMPRÉHENSION DU TEXTE

② *Anton Dvorák* (prononcer "Dvorjak") a vécu de 1841 à 1904. Il a composé de la musique vocale et instrumentale: musique religieuse, opéra, symphonies, musique de chambre. C'est aux États-Unis, où il était professeur, qu'il écrivit sa célèbre "Symphonie du Nouveau Monde" qui utilise des chants populaires comme thèmes. (le "Nouveau Monde" est l'Amérique).
Remarquons ce mélancolique 2ème mouvement qui illustre un instrument au timbre doux et peu utilisé, le *cor anglais* qui est, en fait, un hautbois grave. L'orchestration de Dvorák est très colorée par un large emploi des "Bois".

Mélodie et harmonie

Les accords parfaits

Les accords parfaits sont composés de 3 sons formant entre eux 2 tierces superposées. Ils sont dits "parfaits" parce qu'il résultent de la résonance naturelle des corps vibrants.
Il y a 2 types d'accords parfaits.

- les *accords parfaits majeurs* dont la 1ère tierce est majeure.
- les *accords parfaits mineurs* dont la 1ère tierce est mineure.

L'intervalle formé entre la fondamentale et la note supérieure (quinte) est une **quinte juste**. *

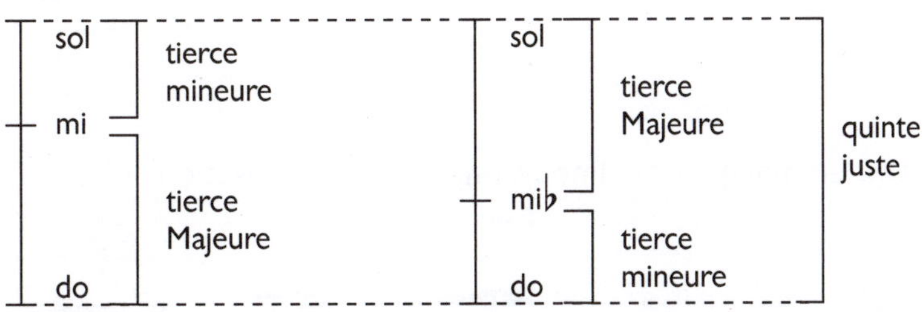

Parfait Majeur (PM) Parfait mineur (Pm)

Inscris "PM" pour parfait Majeur ou "Pm" pour parfait mineur.

* Le mot quinte signifie cinquième.
La quinte juste est composée de 3 tons + 1 demi-ton.

③ **Lecture rapide par cellule rythmée** (battre du doigt les pulsations)

Lire en 𝄞 puis en 𝄢

④ **Lecture chantée à 2 voix**

RYTHME

⑤ Avant de dire ou de chanter ces textes, en marquer les impulsions (↓) et les pulsations (|). Battre la mesure.

DICTÉE

⑥ Le professeur dictera un extrait de ce chant, d'un chant précédent ou d'un exercice, avec ou sans anacrouse, à 1 ou 2 voix, par audition ou de mémoire (auto-dictée)

LEÇONS : Apprends ①, ②, ③ et ⑤

DEVOIRS : Fais les exercices ①, ②

20.

Ode à la joie: extrait de la Symphonie N°9

L. van Beethoven (1770-1827)
Réduction de l'orchestre et adaptation
du poème, de M. Vergnault

① Chante et apprends par cœur "Ode à la joie" avec les paroles et le nom des notes. Joue-la sur ton instrument.

Transpose-le ci-dessous, les phrases **1** et **2** en "Do Majeur". Compare la fin de ces 2 phrases: où est la tonique?

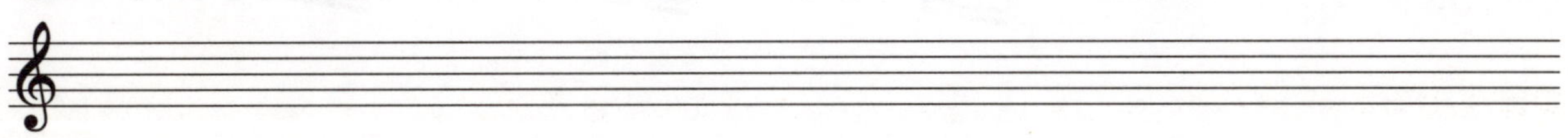

COMPRÉHENSION DU TEXTE

② *Beethoven* (voir leçon 13) a longtemps vécu à Vienne (en Autriche) où il est mort.
Il a introduit le **"Scherzo"** qui signifie "jeu" dans la symphonie pour y remplacer le menuet. L'un et l'autre ont un rythme à $\frac{3}{4}$, mais le Scherzo est plus vigoureux et plus rapide que le menuet.
Pour terminer sa grandiose 9ème Symphonie il introduit une nouveauté qui, par sa dimension, pourrait être une œuvre à elle seule: un chœur à 4 voix avec solistes (soprano, alto, ténor et basse) et, bien sûr, la participation de l'orchestre. D'édiée à la "Joie", c'est une œuvre monumentale à laquelle Beethoven a travaillé pendant plus de 10 ans tout en composant d'autres œuvres.
Cette "Ode à la Joie" a été adoptée comme **Hymne de l'Europe**. Le poème est de Schiller.

Rythme

Le métronome est un instrument qui permet de connaître – et d'exécuter – avec précision la vitesse des pulsations. Beethoven a participé à son invention qu'il a célébrée par un canon "Maelzel, grand métronome".

Les termes de mouvement les plus utilisés sont:

Allegro = rapide
Allegretto = un peu moins rapide qu'allegro
Moderaro = modéré
Andante = allant
Adagio = doucement
Largo = lent, large

L'Ode à la Joie est en "Ré Majeur". Indique la qualification de chacun des accords de ce ton ("PM" ou "Pm").
Marque d'un "T" l'accord parfait de tonique et d'un "D" celui de dominante.

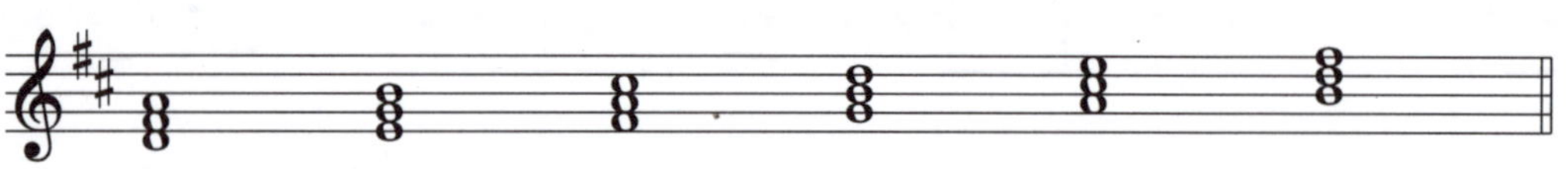

③ **Lecture rapide par cellule rythmée** (battre du doigt les pulsations)
Lire en 𝄞 puis en 𝄢

1.

2.

3.

4.

(4) Lecture chantée à 2 voix

d'après Beethoven

RYTHME

(5) Avant de dire ou de chanter ces textes, en marquer les impulsions (↓) et les pulsations (|). Battre la mesure.

1.

2.

3.

4.

DICTÉE

(6) Le professeur dictera un extrait de ce chant, d'un chant précédent ou d'un exercice, avec ou sans anacrouse, à 1 ou 2 voix, par audition ou de mémoire (auto-dictée)

LEÇONS : Apprends (1), (2), (3) et (5)

DEVOIRS : Fais les exercices (1), (2)

21. Peter, go ring dem bells

Chant populaire américain
Harmonisation et traduction
de M. Vergnault

(1) Bien apprendre les notes de "Peter, go ring dem bells" en les chantant et en battant rigoureusement la mesure.

COMPRÉHENSION DU TEXTE

(2) **Le "spiritual"** ou **"negro-spiritual"** est un chant religieux des Africains noirs vivant aux États-Unis. À l'origine, les esclaves y chantaient leurs peines et leur espérance en une vie meilleure.
Il est le fruit de la musique traditionnelle africaine, très rythmée et de la langue anglaise. Il se caractérise notamment par un large emploi de la syncope (voir leçon 15). Il a fortement influencé la musique du 20ème siècle. Il est aussi à l'origine du "Jazz".

Mélodie et harmonie

La **sous-dominante** (4ème degré du ton) permet d'établir la tonalité, avec la tonique et la dominante. Pour cette raison l'intervalle formé entre la tonique et la sous-dominante est une quarte *juste* composée de 2 tons + 1 demi-ton.

Les gammes majeures

- Construis les gammes majeures de "Do", "Sol" et "Fa" en en marquant les demi-tons (secondes mineures), la tonique (T), la dominante (T) et la sous-dominante (SD). Utilise les altérations nécessaires.

Do

Sol

Fa

- Ajoute à la fin de chaque gamme l'accord parfait majeur de la tonique
- Construis les quintes juste de:

- "Peter, go ring dem bells" est en "Sol majeur". Sur quel degré se termine-t-il? ....

  Et la phrase [1]? ....

- Transpose un ton plus bas la phrase [2] (en commençant par "Fa")

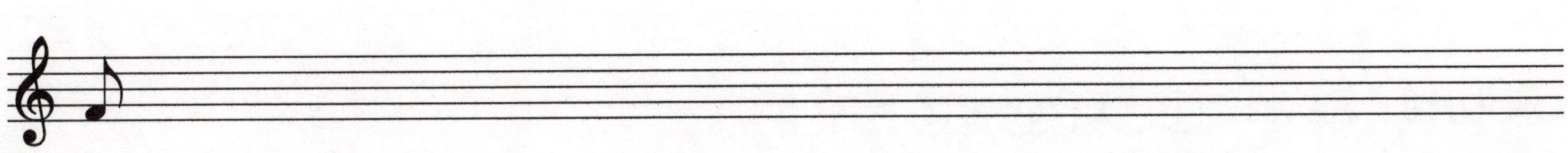

③ **Lecture rapide par cellule rythmée** (battre du doigt les pulsations)

Lire en 𝄞 puis en 𝄢

1.

2.

3.

4.

④ **Lecture chantée à 2 voix**

RYTHME

⑤ Avant de dire ou de chanter ces textes, en marquer les impulsions (↓) et les pulsations (|).
Battre la mesure.
$\frac{4}{8}$ = battre à 4 temps

1.

2.

3.

4.

DICTÉE

⑥ Le professeur dictera un extrait de ce chant, d'un chant précédent ou d'un exercice, avec ou sans anacrouse, à 1 ou 2 voix, par audition ou de mémoire (auto-dictée)

LEÇONS : Apprends ①, ②, ③ et ⑤

DEVOIRS : Fais l'exercice ②

22.

La flûte enchantée: trio des clochettes

W.-A. Mozart
Paroles de M. Vergnault

Allegro

 Chante ce chant à 3 voix. Apprends par cœur la 1ère voix.

Compare la fin de la phrase **3** avec celle de la phrase **4**.

Transpose la phrase **4** en "Sol" soit une seconde majeure plus haut.

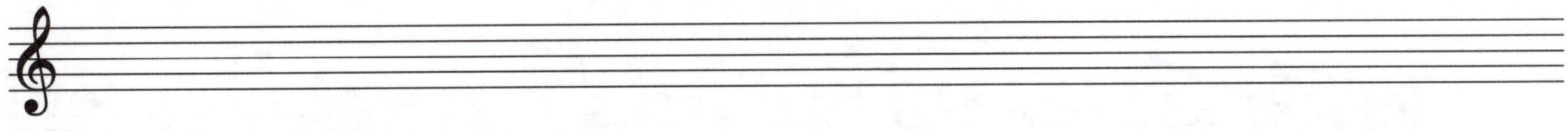

Transpose la phrase **4** en "Do" soit une quarte juste plus bas.

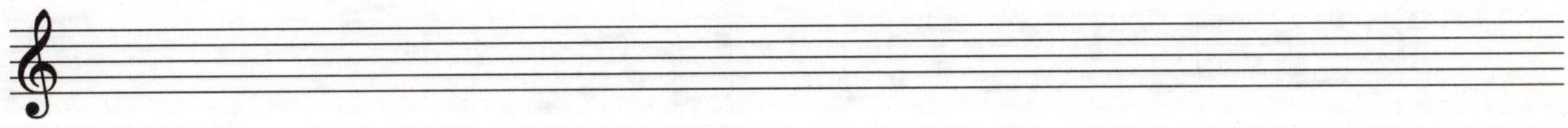

COMPRÉHENSION DU TEXTE

② *Wolfgang Amadeus Mozart* (1751-1791) est un compositeur autrichien. Malgré sa mort à 35 ans, il a composé dans tous les genres une œuvre monumentale, tant profane que religieuse: 12 opéras, 41 symphonies, 44 concertos, des messes etc...
Enfant prodige, il compose sa première œuvre à 4 ans, donne son premier concert à 6 ans. Il jouait du clavecin (ancêtre du piano) et du violon.
Sa mémoire était fantastique. De sa musique émane une grande bonté.

L'opéra est une pièce de théatre entièrement chantée par des solistes (les personnages) et des chœurs (la foule). Les instruments de musique ont aussi un rôle très important pour soutenir les chants, en renforcer le caractère et créer l'ambiance.
"La flûte enchantée" est un opéra à la fois féerique et philosophique dont le texte original est en langue allemande.

Mélodie

La médiante

La médiante *est le 3ème degré de la gamme.* Il tient son nom de son rôle de milieu de l'accord parfait de la tonique. C'est elle qui détermine le mode majeur ou mineur de la tonalité. En effet la tonalité est majeure si la médiante est majeure, mineure lorsque la 1ère tierce (médiante) est mineure.

Examine les leçons n° 7, 8 et 9 qui commencent en mineur et se terminent en majeur, alors que les numéros 12 et 13 sont entièrement en mineur.

Ci-dessous compare la gamme de "Sol majeur" avec celle de "Sol mineur", et celle de "Ré majeur" avec celle de "Ré mineur".
Note que les médiantes changent alors que les "notes tonales" (tonique, dominante et sous-dominante) ne varient pas dans un même ton.

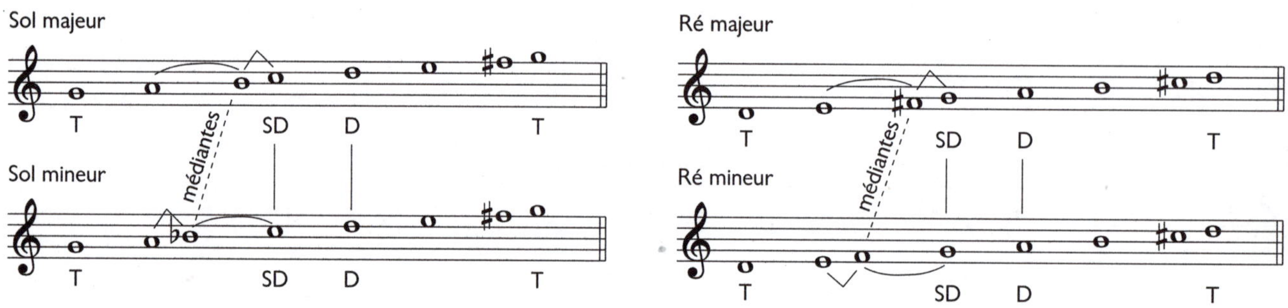

③ **Lecture rapide par cellule rythmée** (battre du doigt les pulsations)
Lire en 𝄞 puis en 𝄢

1.

2.

3.

4.

④ **Lecture chantée à 2 voix**

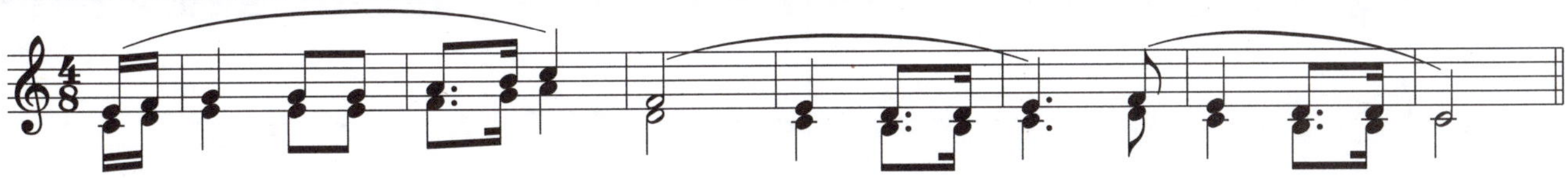

RYTHME

⑤ Avant de dire ou de chanter ces textes, en marquer les impulsions (↓) et les pulsations (|).
Battre la mesure.
$\frac{4}{8}$ = battre à 4 temps

1.

2.

3.

4.

DICTÉE

⑥ Le professeur dictera un extrait de ce chant, d'un chant précédent ou d'un exercice, avec ou sans anacrouse, à 1 ou 2 voix, par audition ou de mémoire (auto-dictée)

LEÇONS : Apprends ①, ②, ③ et ⑤

DEVOIRS : Fais l'exercice ①

23.

Judas Macchabée: chœur

G.-F. Händel (1685-1759)
Arrangement pour piano de M. Vergnault

①  Chante et apprends par cœur les phrases 1 et 2, en "Fa Majeur" et en "Sol Majeur".

COMPRÉHENSION DU TEXTE

② *Georg Friedrich Händel* est l'un des plus grands musiciens "baroques" avec J.-S. Bach, A. Vivaldi et J.-P. Rameau.
Né en Allemagne en 1685, dès 1717 il s'établit en Angleterre où il mourra en 1759.
Comme J.-S. Bach, organiste et compositeur il écrit des opéras (en italien) et des oratorios dont le plus célèbre est "le Messie".
Un **oratorio** est une sorte d'opéra biblique mais sans jeu scénique. "Judas-Macchabée" et "le Messie" sont deux de ses oratorios.

Rythme

La mesure à $\frac{2}{2}$

La mesure à $\frac{2}{2}$ est une mesure à 2 temps binaires.

L'unité de temps en est la blanche: $\frac{2}{2}$ 𝅗𝅥 𝅗𝅥 |

L'unité de mesure en est la ronde: $\frac{2}{2}$ 𝅝 |

Elle est employée souvent pour donner un caractère majestueux, mais autrefois elle était employée comme notre mesure à $\frac{2}{4}$.

Sur les portées ci-dessous transcris à $\frac{2}{4}$ et transpose en "Sol Majeur" (simultanément si possible) les phrases [1] et [2].
En t'aidant de la partie de piano repère la dominante, la tonique et la médiante.

③ **Lecture rapide par cellule rythmée** (battre du doigt les pulsations)

Lire en 𝄞 puis en 𝄢

1.

2.

3.

4.

④ **Lecture chantée à 2 voix**

RYTHME

⑤ Avant de dire ou de chanter ces textes, en marquer les impulsions (↓) et les pulsations (|).
Battre la mesure.

1.

2.

3.

4.

DICTÉE

⑥ Le professeur dictera un extrait de ce chant, d'un chant précédent ou d'un exercice, avec ou sans anacrouse, à 1 ou 2 voix, par audition ou de mémoire (auto-dictée)

LEÇONS : Apprends ①, ②, ③ et ⑤

DEVOIRS : Fais les exercices ① et ⑤

24.

Where you there?

Negro-spiritual
Arrangement: Michel Vergnault

①  Chante et apprends par cœur "Where you there?" avec le nom des notes (l'étudier d'abord à $\frac{4}{4}$ ♩ = 104)

COMPRÉHENSION DU TEXTE

② Le caractère de ce "negro-spiritual" * étant douloureux, la partie de piano utilise des mouvements chromatiques pour le souligner.
Comme beaucoup de "negro-spiritual" celui-ci fait de fréquents appels aux syncopes.
Syncopes et chromatismes sont des éléments caractéristiques de la musique du 20ème siècle qui, en outre, fait une large place aux instruments "à percussion".

* voir leçon 21 page 67

Mélodie

Les mouvements chromatiques

Les mouvements chromatiques procèdent par demi-tons. Ils peuvent être plus ou moins longs et font usage des altérations.

Par exemple:

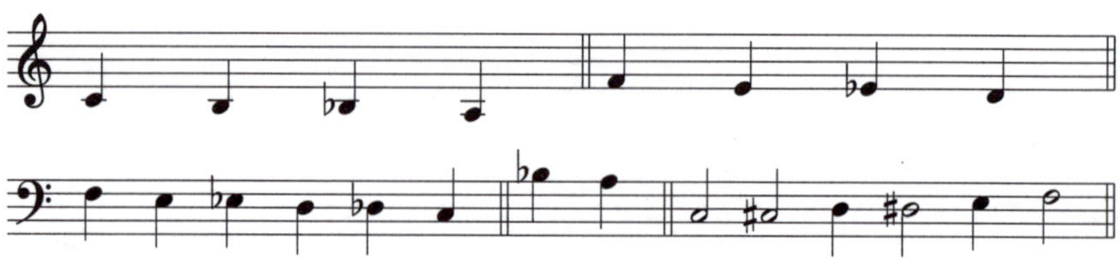

- Tu trouveras ces mouvements chromatiques dans la partie de piano de "Where you there?".

- En ce qui concerne le rythme de ce chant, tu trouveras aussi de nombreuses syncopes.

- Construis toi-même un mouvement chromatique *

ascendant entre 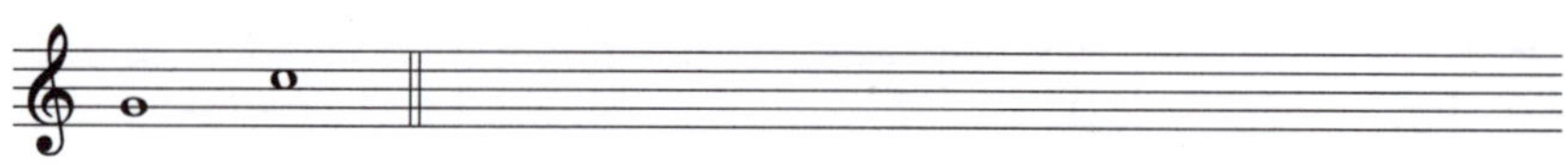

descendant entre 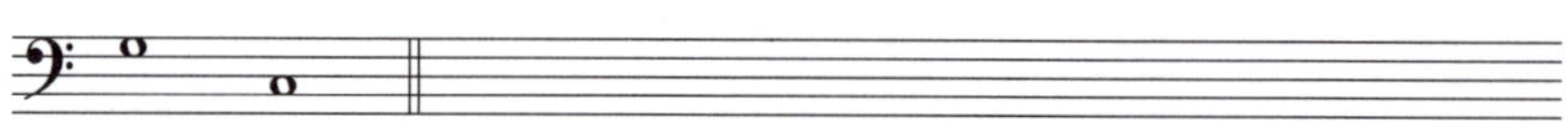

* il ne doit pas y avoir plus de 2 notes de même nom.

- Quel est le ton de "Where you there?"? .... Et le mode? ....

- Quelle est la dominante? .... et la sous-dominante? ....

- Écris en "Sol" les phrases **2** et **3** de "Where you there?"

2

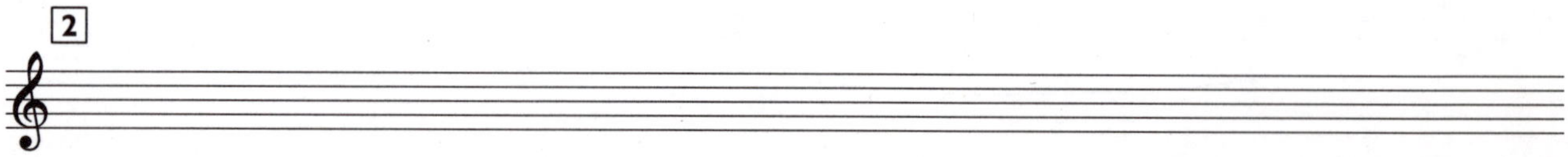

3

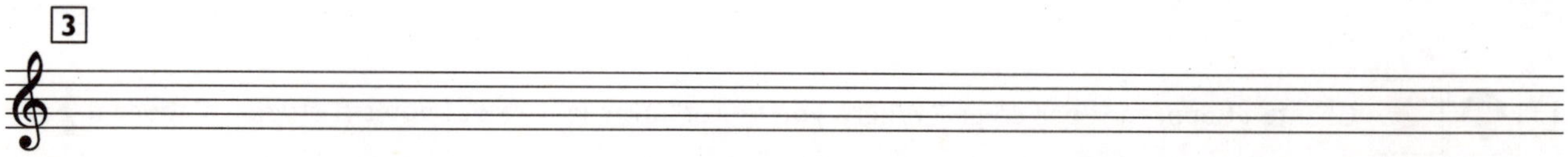

③ **Lecture rapide par cellule rythmée** (battre du doigt les pulsations)

Lire en 𝄞 puis en 𝄢

1.

2.

3.

4.

④ **Lecture chantée à 2 voix**

RYTHME

⑤ Avant de dire ou de chanter ces textes, en marquer les impulsions (↓) et les pulsations (|).
Battre la mesure.

1.

2.

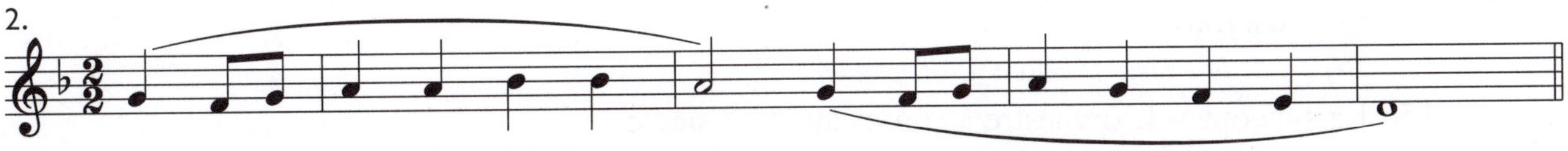

3.

4.

DICTÉE

⑥ Le professeur dictera un extrait de ce chant, d'un chant précédent ou d'un exercice, avec ou sans anacrouse, à 1 ou 2 voix, par audition ou de mémoire (auto-dictée)

LEÇONS : Apprends ①, ②, ③ et ⑤

DEVOIRS : Fais les exercices ② et ⑤

TABLE DES MATIÈRES

Leçons

Gravure et mise-en-page : Punctual Graphics – Gand (Belgique)

OUDIN IMPRIMEUR POITIERS

EXTRAIT DU CATALOGUE ENSEIGNEMENT

ALEXANDRE Jean François

Invitation à la musique pour le 1er cycle de FM en 4 volumes
Rythm'Mic Mac ! – du rythme et de la bande dessinée (Initiation au rythme en 2 volumes)

Association des Enseignants du C.N.R. de Lyon

Etude du rythme en 4 volumes *(Initiation à fin de 2ème cycle)*

FARKAS Anna

Poésie de la musique – *Initiation musicale pour les jeunes enfants* (CD + matériel pédagogique)

JEGOUX Laurence

le rythme au fil des œuvres en 5 volumes *(IM3 à Elé.2)*
Le rythme au fil des chansons en 2 volumes avec CD *(IM2 – IM3)*

MERIOT Michel

Anthologie musicale (Mélodies à chanter en clé de sol avec accompagnement de piano) (en 3 volumes)
. Volume 1 – 25 airs classiques (17ème, 18ème, 19ème siècles)
. Volume 2 – 26 airs classiques (17ème, 18ème, 19ème siècles)
. Volume 3 – 12 mélodies à chanter (20ème siècle)
Anthologie vocale (21 Mélodies à chanter avec accompagnement de piano)
Equivalences rythmiques à l'usage des élèves instrumentistes en 2 volumes :
. Volume 1 – 25 exercices – *cours moyen et supérieur*
. Volume 2 – 18 exercices – *cours supérieur*
L'initiation musicale par les rondes enfantines et les chansons populaires
Nouveau manuel pratique de lecture musicale (horizontale et verticale)
avec mélange des 7 clés *(débutant à supérieur)*
Nouveau solfège progressif rythmé et chanté *(du cours débutant au cours élémentaire)*
Traité rythmique *(du cours préparatoire au cours supérieur)*

MERIOT Michel – HOLSTEIN Jean-Paul

Théorie musicale appliquée : une formule originale sous forme de jeux (2 volumes réunis)

MONET M.-A.

Approche musicale par des tests graphiques, théoriques et auditifs *(débutant)*

TRUCHOT Alain

14 leçons (pour les classes de FM et pouvant servir de déchiffrages vocaux et instrumentaux)
12 Mélodies (à chanter ou à jouer pour la FM) *(2ème cycle)*
16 Dictées atonales ou sérielles à une voix suivies de 16 dictées à 2 voix
290 thèmes à 1, 2, 3 et 4 voix pour la formation auditive *(Moy. et fin d'études – supérieur)*
Guide de l'harmonie classique

TRUCHOT Alain – MERIOT Michel

Le guide de formation musicale en 9 volumes *(déb.1 (IM1) à supérieur)*
Un chemin musical par les chansons populaires de France *(débutant)*

VERGNAULT Michel

Devenir musicien - pédagogie moderne pour le 1er cycle de formation musicale en 4 volumes
CD en option